Die ambidextrische Organisation

Friedemann Derndinger, Dr. Claas de Groot

Die ambidextrische Organisation

Erfolgsstrategien in der neuen Unternehmensrealität

1. Auflage

Haufe Group
Freiburg · München · Stuttgart

Bibliografische Information der Deutschen Nationalbibliothek
Die Deutsche Nationalbibliothek verzeichnet diese Publikation in der Deutschen Nationalbibliografie; detaillierte bibliografische Daten sind im Internet über http://dnb.dnb.de abrufbar.

Print: ISBN 978-3-648-13885-4   Bestell-Nr. 10538-0001
ePub: ISBN 978-3-648-13886-1   Bestell-Nr. 10538-0100
ePDF: ISBN 978-3-648-13887-8   Bestell-Nr. 10538-0150

Friedemann Derndinger, Dr. Claas de Groot
Die ambidextrische Organisation
1. Auflage, Mai 2020

© 2020 Haufe-Lexware GmbH & Co. KG, Freiburg
www.haufe.de
info@haufe.de

Bildnachweis (Cover): ©dydel_87 / Adobestock

Produktmanagement: Anne Rathgeber
Lektorat: Monika Spinner-Schuch, Bad Aibling

Dieses Werk einschließlich aller seiner Teile ist urheberrechtlich geschützt. Alle Rechte, insbesondere die der Vervielfältigung, des auszugsweisen Nachdrucks, der Übersetzung und der Einspeicherung und Verarbeitung in elektronischen Systemen, vorbehalten. Alle Angaben/Daten nach bestem Wissen, jedoch ohne Gewähr für Vollständigkeit und Richtigkeit.

Inhaltsverzeichnis

Vorwort 9

1	Einführung: Innovationen als zentrale Treiber der Entwicklung zur ambidextrischen Organisation	11
1.1	Die Organisation disruptiver Innovationen	12
1.2	Ambidextrie als Schlüsselanforderung	13
1.3	Die drei zentralen Fragen dieses Buches	16
1.4	Warum Sie dieses Buch lesen sollten	16

Teil A: Warum Digitalisierung, Kundenverhalten und neue Technologien Unternehmen herausfordern 19

2	Die konventionelle hierarchische Organisation als Opfer der Digitalisierung	21

3	Innovationen erfordern neue Organisationsformen, die parallel zur konventionellen Organisation bestehen	25
3.1	Die Kraft exponentieller Innovationsgeschwindigkeit	26
3.2	Organisatorische Voraussetzungen für Transformation durch Innovation	27
3.3	Kulturelle Voraussetzungen für Transformation durch Innovation	30
3.4	Perspektivwechsel ist eminent	34
3.5	Motivation nach dem Zufallsprinzip?	34

4	Disruptive Veränderungen auf dem Markt machen stabile Organisationsstrukturen unmöglich	37
4.1	Erosion konventioneller Geschäftsmodelle	37
4.2	Bestehende Organisationsstrukturen sind meist langfristig ausgelastet	40
4.3	Immenser Druck äußerer Bedingungen	41
4.4	Veränderung von Grenzkosten als Treiber der Fragmentierung	42

5	Die ambidextrische Organisation entsteht und wird bleiben	47
5.1	Die ambidextrische Organisation wird Bestand haben	49
5.2	Verhaltensmuster ändern sich	50

Inhaltsverzeichnis

6	Ambidextrie als Herausforderung für Unternehmen und Mitarbeiter	53
6.1	Fähigkeiten in der Linienorganisation	53
6.2	Fähigkeiten in Matrixorganisationen	54
6.3	Fähigkeiten in der ambidextrischen Organisation	54
6.4	Dextrie im Managementkontext	55
6.5	Fähigkeiten in der ambidextrischen Unternehmensrealität	56
6.6	Ambidextrie als Fähigkeiten des Einzelnen	58
6.7	In der Unternehmensrealität gibt es unter den Mitarbeitern unterschiedliche Archetypen	59

Teil B:	Welche Auswirkungen die neue Organisationsrealität auf zentrale Unternehmensfunktionen hat	61

7	Der Kernbeitrag von HR zum Unternehmen läuft Gefahr, komplett an Wirkung zu verlieren	63
7.1	Personalentwicklung	64
7.2	Personalbetreuung	67
7.3	HR-Diagnostik	68
7.4	Steuerung durch Incentive-Systeme	69

8	Steuerung: Anpassung an ambidextrische Realität oder bürokratische Pflichtübung	73
8.1	Unternehmensziele definieren, Bereichs- und individuelle Ziele ableiten	73
8.2	Maßnahmen definieren	76
8.3	Ressourcen zuweisen	78
8.4	Ergebnisse kontrollieren und bei Bedarf Gegensteuerungsmaßnahmen definieren	79
8.5	Ergebnisse dokumentieren und kommunizieren	80
8.6	Relevanzverlust trotz Weiterentwicklung	81

9	Organisatorische Sonderformen: Teil der Lösung oder Teil des Problems?	85
9.1	Schwierigkeit der Strategiedefinition	86
9.2	Reorganisation braucht Zeit	87
9.3	Gestaltungsanspruch des Managements	88
9.4	Neue Aufgaben passen nicht in das bestehende Organisationsraster	89
9.5	Rivalität der Organisationsformen	91

Inhaltsverzeichnis

10	Strategie: Von der Unmöglichkeit einer stabilen Unternehmensstrategie ..	95
10.1	Erstes Merkmal: Strategie ist qualitativ	97
10.2	Zweites Merkmal: Strategie besitzt eine Fristigkeit	97
10.3	Drittes Merkmal: Strategie als Grundlage der Ausrichtung von Geschäftsbereichen	98
10.4	Viertes Merkmal: Differenzierender Faktor zum Wettbewerb	98
10.5	Beispiele für den Bedeutungsverlust von Unternehmens-Claims	99
11	Unternehmenskultur: Durch die heterogenen Organisationsformen auf dem Prüfstand	101
11.1	Unternehmenskultur als Orientierungsrahmen	102
11.2	Vorleben und Sanktionieren im Rahmen der Unternehmenskultur	103
11.3	Value Statements als Kodifizierung der Unternehmenskultur	104
11.4	Kultur als konstituierendes Merkmal jedes Unternehmens	105
Teil C:	Wie die Erfolgsstrategien für Unternehmen und den Einzelnen aussehen	109
12	Wandel der Erfolgsparadigmen im Management von Unternehmen	111
12.1	Erfolgsparadigma 1: Vom Fortschreiben des Bestehenden zur Gestaltung der Zukunft	112
12.2	Erfolgsparadigma 2: Von linearer Kausalität zur flexiblen Entwicklung (Effectuation)	113
12.3	Erfolgsparadigma 3: Von der Geschäftsfeldstrategie zur Fähigkeitsstrategie	114
12.4	Erfolgsparadigma 4: Von der Top-down-Kontrolle zur Bottom-up-Befähigung	115
12.5	Erfolgsparadigma 5: Vom vertikalen Silo zum horizontalen Netzwerk	116
12.6	Erfolgsparadigma 6: Von der Wertschöpfungsorientierung zur Kundenzentrierung	118
12.7	Erfolgsparadigma 7: Von der Geschäftsjahresfixierung zur Ereignisorientierung	119
12.8	Erfolgsparadigma 8: Von der gewachsenen multidextrischen Struktur zur ambidextrischen Struktur	120
12.9	Erfolgsparadigma 9: Vom Mitarbeiter als verwalteter Ressource zum unternehmerischen Individuum	121

13	Der Mitarbeiter hat die Wahl: Love it, change it or leave it	123
13.1	Der Happy Camper: Zufriedenheit gegeben, Perspektive unklar	125
13.2	Der Poor Dog: Zufriedenheit nicht gegeben, Perspektive unklar	126
13.3	Der Rising Star: Zufriedenheit gegeben, Perspektive klar	126
13.4	Der Insecure Overachiever: Zufriedenheit nicht gegeben, Perspektive klar	127
13.5	Generelle Erfolgsstrategie für alle Kategorien	127

14	Die erfolgreiche Führungskraft kennt und überzeugt über ihren persönlichen USP	135
14.1	Leitlinie 1: USP definieren und materialisieren	136
14.2	Leitlinie 2: Ambidextrie als Schlüsselkompetenz aufbauen	138
14.3	Leitlinie 3: Netzwerke aufbauen, pflegen und aktiv nutzen	139
14.4	Leitlinie 4: Work-Life-Balance bewusst gestalten	140

15	Der erfolgreiche Top-Manager ist künftig ein ambidextrischer Manager	145
15.1	Leitlinie 1: Entwicklung einer sinnstiftenden Vision	145
15.2	Leitlinie 2: Führungskräfte weiterentwickeln – vom Umsetzungs- zum Gestaltungsauftrag	146
15.3	Leitlinie 3: Fokus auf Fähigkeiten statt auf Kapazitäten	148
15.4	Leitlinie 4: Management der Unternehmenskultur	149

16	Die ambidextrische Organisation als Lösung für Unternehmen	153
16.1	Innovationsprojekte erfolgreich umsetzen	154
16.2	Die verbleibende Existenzberechtigung eines Unternehmens	155
16.3	Der Mensch in der Organisation	157
16.4	Das Instrument des Talent-Pools als Beispiel für die Verschiebung	158

Nachwort	162
Literatur	163
Stichwortverzeichnis	164

Vorwort

Den Begriff Ambidextrie haben nicht wir erfunden. Es gibt ihn schon länger, allerdings ist er bislang nur von wenigen Autoren auf den Unternehmenskontext angewandt worden.[1] Mit Ambidextrie bezeichnet man generell die Fähigkeit, die rechte und die linke Hand gleich gut benutzen zu können. Diese bildhafte Bedeutung hat uns dazu angeregt, unter diesem Begriff eine zentrale Beobachtung zu reflektieren, die wir als langjährige Unternehmensberater schon seit geraumer Zeit bei unseren Mandaten ganz praktisch erleben: Die Managementaufgaben für die inkrementelle Weiterentwicklung des bestehenden Geschäfts und die für echte und tief greifende Innovationen sind ganz unterschiedlich. Damit sind auch die geforderten Fähigkeiten des Managements und der Organisation ganz unterschiedlich. Heutzutage ist es jedoch für fast alle Unternehmen unvermeidlich, sich beidem zu stellen. Dies lässt sich sehr gut an der Automobilindustrie verdeutlichen. Einerseits ist diese Industrie ein klassisches Beispiel für inkrementelle Weiterentwicklung: Die Motoren werden immer etwas leistungsfähiger, d. h., sie verbrauchen von Modellgeneration zu Modellgeneration, also innerhalb eines Zeitraums von drei bis fünf Jahren, fünf Prozent weniger Treibstoff bei um fünf Prozent gesteigerter Leistung, das Nachfolgemodell ist 25 Zentimeter länger als das Vorgängermodell, das Komfortpaket wird zehn Prozent billiger und enthält weitere Funktionen usw. Andererseits steht die Automobilindustrie insgesamt vor gewaltigen Veränderungen: Carsharing, Uber, Elektroantriebe, Zero Emission Vehicles, autonomes Fahren – um nur einige der aktuellen Stichworte zu nennen. Dabei gelten andere Regeln, was der Rückzug der doch sonst so erfolgsverwöhnten Automobilhersteller Daimler und BMW aus dem nordamerikanischen Carsharing-Markt beweist, der Ende 2019 bekannt gegeben wurde. Nicht dass es an Einsatz gemangelt hätte – eine Milliarde Euro stand zur Verfügung.

Offenbar müssen Unternehmen wie Daimler und BMW heutzutage über die Fähigkeit verfügen, beides zu können: inkrementelle Weiterentwicklung und tief greifende Innovation – diese Anforderung nennen wir Ambidextrie. Diese ist, wie wir darlegen werden, sowohl im organisatorischen Rahmen wie auch im persönlichen Umfeld des einzelnen Mitarbeiters von hoher Bedeutung.

---

1 Vgl. beispielsweise Wikipedia-Eintrag »Organisationale Ambidextrie«, inkl. die dort angegebene Literatur, Wikipedia (2020)

Abweichend von anderen Autoren stellen wir beim Begriff ambidextrische Organisation also nicht auf das vermeintliche Gegensatzpaar Effizienz und Flexibilität ab, sondern wir erweitern die Perspektive auch auf den Einzelnen als Mitarbeiter im Unternehmen, als Führungskraft oder Top-Manager. Wir haben dabei unsere Ausführungen bewusst nicht als akademisches Traktat gestaltet, sondern wir teilen und reflektieren mit Ihnen als Leserin und Leser[2] unsere Erfahrungen aus unserer langjährigen Tätigkeit als Unternehmensberater.

Während Sie bis hierher gelesen haben, sind bei Ihnen vielleicht zeitgleich auf Ihrem Smartphone mehrere WhatsApp-Nachrichten oder Tweets eingetroffen. Diese erhalten Sie übrigens immer – während der Arbeit wie auch im Privaten. Die Realität hat sich bereits dramatisch verändert, und sie wird sich weiterhin mit hoher Geschwindigkeit verändern – jeder beobachtet mittlerweile Innovationen, als Konsument oder auch in der Arbeitswelt. Innovationen sind die zentrale Herausforderung unserer Zeit – wer zu spät kommt, den bestraft das Leben.

Lesen Sie in diesem Buch, weshalb die ambidextrische Organisation die Organisationsform der Gegenwart und der absehbaren Zukunft ist. Und nehmen Sie unsere Tipps für Erfolgsstrategien in dieser Unternehmensrealität mit in Ihren Arbeitsalltag, um nicht nur zu überleben, sondern um Ihre Aufgaben zum persönlichen Erfolg zu führen. Wir wünschen Ihnen eine anregende Lektüre.

Friedemann Derndinger und Dr. Claas de Groot

Düsseldorf, im Frühjahr 2020

---

[2] Zur besseren Lesbarkeit verwenden wir im Buch bei personenbezogenen Bezeichnungen die männliche Form. Es ist jedoch die weibliche Form immer mitgemeint.

1 Einführung: Innovationen als zentrale Treiber der Entwicklung zur ambidextrischen Organisation

In der Vergangenheit verstand man unter Innovation meist eine substanzielle Weiterentwicklung des Bestehenden im Rahmen einer gegebenen Struktur. Man denke nur an eine neue Produktgeneration von Autos mit einem neu entwickelten Antrieb oder Getriebe. Dieses neue Produkt musste sich dann dem Wettbewerb mit den seit Jahren bekannten Konkurrenten stellen und wurde über bestehende Absatzkanäle vertrieben. Fertigung, Produktion und Service waren über geübte Prozesse in den Innovationszyklus eingebunden. Im Gegensatz zu einer kleinen, inkrementellen Optimierung war also eine Innovation die etwas größere, substanziellere Weiterentwicklung des Bestehenden.

Als Folge der Digitalisierung haben sich jedoch die Rahmenbedingungen für Unternehmen geändert. Nicht nur tauchen neue Wettbewerber auf, die den Unternehmen als Ganzes Konkurrenz machen. Sondern es treten zusätzlich auch neue Wettbewerber in einzelnen Wertschöpfungsstufen auf und greifen die Etablierten mit neuen Geschäftsmodellen in diesen Wertschöpfungsstufen an. Man denke nur an Unternehmen wie Airbnb oder Uber, welche die Reise- und Taxibranche angreifen, ohne überhaupt ein eigenes Hotelbett oder ein eigenes Auto zu besitzen.

Keine Branche kann sich angesichts derartiger disruptiver Innovationen sicher fühlen. Dabei stehen wir erst am Anfang einer neuen Hightech-Generation: Künstliche Intelligenz (KI), Internet der Dinge, Biotechnologie oder Nanotechnologie werden ebenfalls mit hoher Wahrscheinlichkeit ihren Niederschlag in neuartigen Geschäftsmodellen und andersartigen Wettbewerbern finden. Diese Technologien werden den Wandel noch weiter beschleunigen und die Abstände disruptiver Innovationswellen weiter verkürzen.

Dabei ist die elementare Frage, wie man mit dem Zwang zur Innovation und den dafür geeigneten Organisationsformen umgeht, bislang ein Buch mit sieben Siegeln.

1 Einführung: Innovationen als zentrale Treiber der Entwicklung

Korrespondierend zum erhöhten Innovationsdruck ist auf der organisatorischen Seite bei Unternehmen daher zu beobachten, dass sich früher stringente vertikale Linienorganisationen oder Matrixorganisationen auflösen und durch multiple Organisationswelten abgelöst werden. In diesen neuen Welten versuchen die Unternehmen, die als notwendig empfundenen Innovationen zu antizipieren und hervorzubringen, was dann zur zwingenden, aber eher unerwünschten Folge hat, dass Unternehmen organisatorisch immer heterogener werden. Viele Unternehmen gehen organisatorisch eher in die Vielfalt, fügen also zu bestehenden Strukturen weitere organisatorische Sonderlösungen hinzu, aber das Thema, *wie* man das Unternehmen als Ganzes führt und organisiert, wird vielfach bislang noch nicht richtig angegangen.

Als externe Berater beobachten wir Manager, die durchaus erfolgreich sind und grundsätzlich das Potenzial haben, hervorragende Führungskräfte auch in dieser Zeit des disruptiven Wandels zu sein – dennoch haben sie mit diesen neuartigen Herausforderungen ihre inhaltlichen und organisatorischen Schwierigkeiten.

Zudem beobachten wir eine Vielzahl an Start-ups, die nicht bemerkenswert erfolgreich sind. Dort arbeiten überwiegend kompetente und enthusiastische Mitarbeiter, diese bekommen jedoch keine »Traction« in ihr Handeln. Dabei sind Start-ups auf den ersten Blick für Innovationen sehr geeignet, aber diesen gelingt es oft ebenfalls nicht, profitabel zu sein – auch das ist ein Motiv, weshalb wir uns mit dem Thema »disruptive Innovationen« auseinandersetzen.

1.1 Die Organisation disruptiver Innovationen

Bislang sind Unternehmen als Ganzes meist in einer hierarchischen Organisationsstruktur mit klaren Zuständigkeiten organisiert. Jeder Vorstand hat einen abgegrenzten Zuständigkeitsbereich, es gibt das Marketing, den Vertrieb, ebenso IT und Finanzen, alles ist klar voneinander getrennt. Jeder Bereich hat dabei ein Budget und die dazugehörige Budgetverantwortung, es gibt eine übergreifende Umsatz- und Gewinnverantwortung, es ist alles von oben nach unten zugeordnet. Jedes Bereichsziel wird dabei an die Abteilungen und an die Mitarbeiter nach unten weitergegeben.

Und jeder Manager hat Budgetgespräche, aus denen er ein Controlling entwickelt, und einmal in der Woche oder einmal im Monat gibt es einen Jour fixe. Alles hat seine Aufteilung, Abgrenzung und Ordnung.

Jetzt aber funktioniert das Gefüge hinsichtlich der neuen Herausforderungen nicht mehr. DigiLabs entstehen innerhalb und außerhalb der Unternehmen, Kooperationen werden aufgebaut, neuartige Projekte mit agilen Methoden etabliert oder Lösungen über »Vorstandsprojekte« bzw. »U-Boot-Projekte«, also Projektorganisationen außerhalb bestehender Projekt- oder Projektprogrammwelten, implementiert. Zentrales Merkmal ist dabei, dass die bestehenden Organisationsstrukturen – mit ihren oftmals langfristig an einzelne Vorhaben gebundenen Ressourcen – nicht mehr geeignet sind, die neuen disruptiven Themen adäquat zu behandeln. Aus der ehemals konsequent top-down strukturierten Unternehmensorganisation wird eine anarchisch anmutende bottom-up gewachsene Unternehmensrealität.

Dabei ist es immens wichtig, diese neue Unternehmensrealität als neues Organisationsprinzip anzuerkennen und bewusst zu installieren. Die Steuerungsinstrumente und wie es sich anfühlt, in einem derartigen Unternehmen zu arbeiten, unterscheiden sich dabei vollständig von der klassischen vertikalen Organisation. Einerseits kann es sein, dass man nicht mehr nur einen Chef hat, den man bereits jahrelang kennt, sondern gleich mehrere Vorgesetzte, mit denen man bislang überhaupt noch nicht gearbeitet hatte. Andererseits ist es möglich, dass man gar keinen wirklichen Chef hat, dafür hat man aber Budgetverantwortung für ein Projekt, das nächste Mal aber wieder nicht. Die Struktur von Unternehmen muss neu gedacht werden, und Neues muss gegen Bestehendes organisiert und angeschoben werden.

1.2 Ambidextrie als Schlüsselanforderung

Die Verbindung der inkrementellen Weiterentwicklung eines Unternehmens mit der Erforschung und Implementierung des disruptiv Neuen bezeichnen wir als Ambidextrie. Ambidextrie setzt sich hierbei aus zwei lateinischen Wortstämmen zusammen: aus *ambo*, von zwei Seiten, beidseitig, und *dexter*, rechts, auf der rechten Seite. In Kurzform heißt Ambidextrie also, mit der linken Hand so geschickt zu sein wie mit der rechten.

1 Einführung: Innovationen als zentrale Treiber der Entwicklung

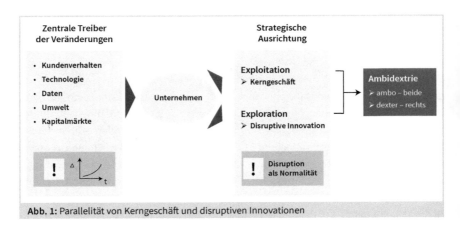

Abb. 1: Parallelität von Kerngeschäft und disruptiven Innovationen

Auf ein Unternehmen übertragen bedeutet Ambidextrie für uns: Es gibt die klassische Organisation, und die Führungskraft beschäftigt sich mit inkrementellem Wachstum, um die Ziele zu erreichen und dabei die Kosten im Griff zu behalten. Es gibt beispielsweise auch eine Forschungs- und Entwicklungsabteilung (R&D), die an grundlegenden Fragen arbeitet und Dinge entwickelt, die man eventuell auch zukünftig im Business gebrauchen kann. Es gibt jedoch nicht nur das Wachstum des bestehenden Geschäfts, sondern auch neuartige, disruptive Innovationen zu erforschen und zu managen. Der Aufbau derartiger neuer Geschäftsfelder verlangt jedoch nach anderen Prinzipien und Methoden und wird daher vielfach auch organisatorisch anders durchgeführt. Die Herausforderung besteht nun darin, die zwei Bereiche nach den jeweils spezifischen Anforderungen richtig zu managen, um in beiden Welten erfolgreich zu sein.

Sehr plastisch wird die Herausforderung, wenn man außer Organisationen auch Menschen betrachtet. Nur die wenigsten sind gleichzeitig Rechts- und Linkshänder. Wenn man Rechtshänder ist, muss man die linke Hand mühsam trainieren und umgekehrt. Das in unserem Sinne ambidextrische Managen eines Unternehmens ist dabei ebenso anspruchsvoll.[3]

---

3 Wenn noch weitere Geschäftsopportunitäten mit komplett anderen Technologien erforscht werden sollen, kann man erweiternd von Multidextrie sprechen, die natürlich nochmals schwieriger als die Ambidextrie ist.

1.2 Ambidextrie als Schlüsselanforderung

In diesem Spannungsfeld – bestehende Modelle sind zu optimieren und gleichzeitig potenzielle disruptive Innovationen umzusetzen – müssen Organisationen und ihre Führungskräfte die Fähigkeit entwickeln, das Ringen um die gegenwärtige Marktposition und den Kampf um die zukünftige Stellung im Wettbewerb erfolgreich zu gestalten, obwohl dabei häufig interne Konflikte entstehen: Sollen Engagement, Geld und Ressourcen in den kurzfristigen Erfolg oder in die langfristigen Aussichten investiert werden? Welche Organisationseinheit soll sich um das Neue kümmern? Gibt es eine kulturelle Akzeptanz für das Scheitern als Kehrseite jeglichen Ausprobierens? Wie geht man mit den Mitarbeitern und Führungskräften um, die Neues wagen sollen, und wie mit dem meist verdeckten Neid bestehender Unternehmensteile, die argwöhnisch auf die vermeintlich unbegrenzten Budgets und Freiheiten der neuen Einheiten schauen, während sie selbst doch immer Kosten sparen müssen?

Die »beidhändige« Vorgehensweise fordert die direkt involvierten Manager in doppelter Weise: inkrementelle Perfektionierung des Bestehenden und kreative Innovation in Bezug auf das Neue. Während das erste Vorgehen auf eine enge Prozess- und Systemsteuerung zielt und daher Kontrolle erfordert und Sicherheitsdenken anspricht, steht bei der zweiten Methode das Risiko im Mittelpunkt. Hier sind Flexibilität, Autonomie sowie Freude am Experimentieren wichtigste Voraussetzungen für Innovationen. Im Idealfall gelingt es der Führungskraft, diese beiden Vorgehensweisen zeitgleich auszuüben, wodurch ein natürliches und positives Spannungsfeld entsteht. Die Unternehmensleitung muss ähnlich wie die Manager die Ressourcen so nutzen, dass sich diese auf solide Erträge des bestehenden Geschäfts und auf die risikobehaftete Erkundung neuer Produkte, Dienstleistungen oder Geschäftsmodelle verteilen.

Die ambidextrische Führung ist dann nützlich, wenn der Manager erkennt, dass Veränderung keine Sonderaufgabe auf Zeit bzw. kein endgültig abzuschließendes Projekt ist, sondern dass nur ein geschicktes Gleichzeitig zwischen Bewahren und Umbruch genügend Energien für den Wandel erzeugt. Manager können sich der Veränderungsaufgabe vor und zwischen den Change-Projekten nicht entziehen. Allerdings ist Führung ohne den beständigen Blick nach vorn nicht erfolgreich. Dabei gilt es, den Erfolg in der Gegenwart nicht aus den Augen zu verlieren. Dies bedeutet für jede Führungskraft, die Mitarbeiter nicht nur anzuregen, bei der Zukunftsgestaltung mitzuwirken, sondern sie auch auf das operative Geschäft zu verpflichten. Dies erfordert ein modernes Menschen- und Führungsbild. Damit ist die Ambidextrie ein wichtiger Impulsgeber für Veränderungsprozesse in der unternehmerischen Zukunft.

1 Einführung: Innovationen als zentrale Treiber der Entwicklung

1.3 Die drei zentralen Fragen dieses Buches

Die erste zentrale Frage dieses Buches lautet: Was ist der Auslöser dieser Veränderungen und welche kommen noch auf uns zu? Man kann beobachten, dass der Zwang zu Innovationen vielfältige Organisationsformen aus dem Boden sprießen lässt und somit dazu führt, dass viele Manager frustriert sind, weil sie die Komplexität nicht beherrschen können. Außerdem tun sie sich schwer, die Grenzen und Möglichkeiten neuer Technologien und Innovationen wie KI zu bewerten und realistisch einzuschätzen und die Frage zu beantworten, was für sie oder bei ihnen machbar ist und was nicht. Aufgrund des Innovationsdrucks werden die Anzahl der Organisationsformen und damit die Organisationskomplexität nicht abnehmen. Unsere Kernthese hierzu: Die ambidextrische Organisation entsteht und bleibt – sie ist kein nur vorübergehendes Phänomen.

Die zweite Frage dieses Buches leitet sich aus der ersten ab: Wenn die ambidextrische Welt zur neuen Unternehmensrealität wird, welche Herausforderungen kommen dann auf das Unternehmen zu? Was bedeutet dies zum Beispiel für die Entwicklung einer Unternehmensstrategie, für die Unternehmenssteuerung oder für den Personalbereich bzw. die Human Resources?

Die dritte Frage war für uns vielleicht am wichtigsten: Was bedeutet das für die Menschen in der neuen Organisationsrealität? Was kommt auf sie zu und, vielleicht noch wichtiger, wie können sie sich positionieren und wie sehen Erfolgsstrategien für sie aus? Wir stellen Handlungsmöglichkeiten für die verschiedenen Ebenen der Verantwortlichkeit vor, mit denen die ambidextrische Organisation beherrschbar und überlebensfähig gemacht wird.

1.4 Warum Sie dieses Buch lesen sollten

Aus diesem Buch ziehen Sie zweierlei Nutzen: Zum einen sollen Sie Ihre organisatorische Situation erkennen und analysieren. Die Beschreibung des Status quo im eigenen Unternehmen erlaubt eine Antwort auf die Frage, warum die Situation so kompliziert ist. Zum anderen wird Ihnen aufgezeigt, wie Sie persönlich trotzdem erfolgreich sein können. Dabei wird Ihnen eine unterstützende Strategie mit wirksamen Handlungsmöglichkeiten aufgezeigt, die Denkanstöße vermittelt, wie man trotz – oder gerade wegen – aller Disruptionen erfolgreich sein kann.

Das Buch soll Ihnen also dabei helfen, sich in eine abstrakte Perspektive hineinzuversetzen, um dann wie aus einem Helikopter auf die eigene Firma zu schauen und damit die Möglichkeit zu entwickeln, konkrete Handlungsstrategien umzusetzen, mit denen Sie in der neuen organisatorischen und technologischen Realität überleben und erfolgreich sein können.

Teil A: Warum Digitalisierung, Kundenverhalten und neue Technologien Unternehmen herausfordern

2 Die konventionelle hierarchische Organisation als Opfer der Digitalisierung

In den meisten Industrien besteht die wichtigste Anforderung des Geschäftsalltags in der inkrementellen Weiterentwicklung des Geschäfts nach Kunden- und Markterfordernissen. Diese Weiterentwicklungen werden in der herkömmlichen Linienorganisation abgebildet. Es existieren weder eigene Organisationseinheiten für Grundlagenforschung oder Forschungs- und Entwicklungsabteilungen, noch sind eigenständige aufwendige Prozesse etabliert, um neue Technologien in Produkte und Dienstleistungen des Unternehmens zu transformieren. Inkrementelle Weiterentwicklung ist damit institutionalisiert. Die Organisation ist insgesamt auf die Ausschöpfung des Bekannten und Naheliegenden ausgerichtet.

Eins ist schon heute klar: Die klassische vertikale Organisation, die allein auf die inkrementelle Weiterentwicklung ausgerichtet ist, hat keine Zukunft. Denn die Welt wird noch deutlich komplizierter werden als in der Vergangenheit. Als Komplexitätstreiber werden zahlreiche Disruptionen von Geschäftsmodellen und Branchen auftreten und damit die Frage dringlich machen, wie sich ein Unternehmen aufstellt. Beobachtet es, dass etwas Neues kommt, und lässt es sich darauf ein, oder lässt es alles so wie gehabt und bewährt? In der Vergangenheit wurde das Handeln über die klassische vertikale Organisationsform abgebildet – aber wie sieht die Organisationsform der Zukunft aus?

Aktuell ist zu beobachten, dass durch organisatorischen Wandel Technologien abgebildet werden, die primär noch durch Digitalisierung getrieben sind. Wir stehen aber bereits am Anfang vieler technologischer Weiterentwicklungen, beispielsweise der Künstlichen Intelligenz (KI), die noch ungeahnte Möglichkeiten in sich birgt, wodurch die horizontale Vernetzung innerhalb der Unternehmen noch stärker expandieren wird.

Auch über den richtigen Zeitpunkt für organisatorische Umstellungen besteht erhebliche Unklarheit – denn KI ist noch gar nicht richtig erforscht. Sollte man also noch etwas abwarten? Doch gerade bei KI gibt es gar nicht *den* richtigen Zeitpunkt, denn das Problem vergrößert sich nur, wenn man den technischen Einstieg verzögert – das ist dann ein Ausdruck von Entscheidungsschwäche und nicht von strategischer Stärke.

Dabei besitzt KI die Qualität, die auch die Digitalisierung auszeichnet, nämlich dass sie potenziell alles Bestehende angreift und daher gleichermaßen Chance wie Bedrohung darstellt. Das bedeutet aus Sicht der Unternehmen: Man hat noch nicht einmal die Digitalisierung im Griff, man weiß noch gar nicht, wie das alles genau funktioniert, aber da übt bereits die nächste Technologie und Innovation Veränderungsdruck aus, die wieder ähnlich umwälzende Qualitäten wie die Digitalisierung aufweist, die aber anders organisatorisch abgebildet werden muss. Es entsteht eine neue Technologie, die wieder anders behandelt werden muss, und wieder werden Anpassungen in der Organisationsstruktur des Unternehmens erforderlich – das geschieht meistens nicht gesteuert, sondern anarchisch. Diese Entwicklung kann nur mit einer ambidextrischen Organisation gemeistert werden.

Schauen wir uns einmal an, was das Besondere an der Digitalisierung ist, worin sie sich von anderen Innovationswellen unterscheidet, die es gegeben hat.

Das Besondere an der Digitalisierung besteht darin, dass sie die gesamte Wertschöpfungskette und Organisationsstruktur eines Unternehmens umfasst, angreift und infrage stellt. Es ist nicht so, dass es beispielsweise nur in der Kundenschnittstelle eine Innovation gibt, mit der sich die Führungskraft auseinandersetzen muss, oder eine Innovation im IT-Backoffice, mit der schneller Daten verarbeitet werden können, sondern es sind *alle* Funktionen inklusive der Organisation des Unternehmens gleichzeitig betroffen. Das bedeutet: Die Herausforderung durch die Digitalisierung besitzt in ihrer Komplexität eine deutlich andere Größenordnung als bei anderen Innovationszyklen. Und gleichzeitig bietet die Digitalisierung enorme Chancen, stellt aber ebenso eine gewaltige Bedrohung dar.

Scheitern und Aufstieg durch Disruption

Ein bekanntes Beispiel für das Scheitern an der Digitalisierung ist die Firma Kodak. Das Unternehmen erfand die klassische Filmrolle, die jahrzehntelang die analoge Fotografie dominierte. Das Unternehmen brachte die erste (feinmechanische) Kamera für die breite Masse auf den Markt, die den Grundstein für den Schnappschuss für jedermann legte. Vor dieser Innovation wurden meist gestellte Bilder von professionellen Fotografen aufgenommen. Kodak führte 1935 die erste Farbfilmrolle ein und machte es 1941 möglich, dass Kunden Abzüge von Farbfotos bestellen konnten. In den späten 70er Jahren des 20. Jahrhunderts hatte Kodak unglaubliche 90 Prozent Marktanteil bei Filmen und 85 Prozent bei Kameras.

Dabei ist es besonders tragisch, dass Kodak mit der ersten Digitalkamera auch die Technologie erfand, die das Unternehmen schließlich in den Bankrott getrieben hat. Anstatt das disruptive Potenzial der Digitalfotografie zu erkennen, versuchte man, sie zu unterdrücken, um das bestehende Geschäftsmodell und seine inkrementelle Weiterentwicklung zu schützen. Doch ein einzelnes Unternehmen ist niemals in der Lage, Innovationen in einem Markt aufzuhalten. Alte und neue Wettbewerber setzten auf die neue Technologie und zogen an Kodak vorbei.

Auch Nokia ist ein prominentes Beispiel für das Scheitern durch das Ignorieren von Disruptionen. Dabei hatte Nokia zuvor oft bewiesen, dass es Veränderungen in der Unternehmensausrichtung erfolgreich umsetzen kann. Aus dem Hersteller von Papier und Gummistiefeln wurde ein erfolgreicher Technologiekonzern. Viele Jahre lang entwickelte Nokia immer kleiner werdende und sehr begehrte Handys. Das Unternehmen erkannte als einer der ersten Player den globalen Markt für Handys und entwickelte Geräte für jede Preisklasse.

Lag Nokias Marktanteil bei den ersten Smartphones im Jahr 2007 noch bei über 50 Prozent, brach dieser durch die Markteinführung des iPhones innerhalb von sechs Jahren auf drei Prozent ein. Dabei besaß Nokia 2007 noch eine Börsenbewertung von mehr als 33 Mrd. US-Dollar und war damit das fünftwertvollste Unternehmen der Welt. Apple rangierte auf Platz 33 und war mit 11 Mrd. US-Dollar rund ein Drittel so viel wert wie Nokia. Nur sechs Jahre später hatten sich die Marktverhältnisse deutlich verändert. Nokia war auf Platz 57 abgestürzt und nur noch knapp 7,5 Mrd. US-Dollar wert, während aus Apple inzwischen mit einer Bewertung von fast 100 Mrd. US-Dollar die teuerste Marke der Welt geworden war.

Diese Beispiele veranschaulichen deutlich, dass Marktführerschaft und Markenwert im Zeitalter der Digitalisierung etwas sehr Flüchtiges sein können. Das Aufkommen neuer Wettbewerber und die Verschiebung von Kundenpräferenzen durch die Einführung neuer Technologien und Produkte können Marktverhältnisse komplett erschüttern, denn Kunden sind in dieser Welt, in der Nähe und Entfernung sich nur durch ein paar Klicks unterscheiden, niemals treu, sondern richten sich nach ihren Bedürfnissen, neuen oder alten, nach Trends und Modeerscheinungen. Daher sollten Unternehmensführer stets die aufkommenden Einflüsse auf die eigenen Märkte im Auge behalten und wachsam beobachten. Marktführer müssen immer auch zugleich

2 Die konventionelle hierarchische Organisation als Opfer der Digitalisierung

Innovationsführer sein und den nächsten und übernächsten Hype in der Produkt- und Serviceentwicklung berücksichtigen.

Heutzutage besitzt fast jeder ein Handy mit Internet – das bietet neue Möglichkeiten der Distribution, denn Unternehmen möchten die Produkte über ihre Apps verkaufen, gleichzeitig hat man aber gar keine Vorstellung, wie man diese aufbauen und in das bestehende Geschäft integrieren muss. Man weiß vielleicht, wie man das Angebot in einem Supermarktregal anordnen muss, aber nicht, wie man das für ein Handy macht.

Das ist auch etwas Besonderes an der Digitalisierung – ein Unternehmen muss definieren, wie es sich zu ihr stellt. Manager müssen sich dazu positionieren. Einerseits ist das Risiko groß, andererseits allerdings auch das Potenzial. Somit ist die Situation extrem schwierig, weil die Unternehmen die Chancen zwar nutzen wollen, aber nicht genau wissen, wie.

! Zusammengefasst:

Die klassische vertikale Organisation dient der inkrementellen Weiterentwicklung des Geschäfts. Sie ist geeignet für ein stabiles Umfeld mit gelegentlichen kleineren Innovationen. Digitalisierung und Künstliche Intelligenz stellen eine grundlegende, allumfassende Veränderung dar – das Unternehmen ist nicht mehr nur inkrementell herausgefordert. Es gibt prominente Beispiele, die belegen, dass die vertikale Organisation nicht geeignet ist, um die besonderen Herausforderungen erfolgreich zu meistern. Neue Ansätze sind zwingend.

Praxistipps:

Machen Sie eine Bestandsaufnahme für Ihr Unternehmen und sein Umfeld: Welche Wachstumsraten wies Ihr Unternehmen in den letzten fünf Jahren auf? Gibt es Wettbewerber, die deutlich schneller gewachsen sind? Was sind die Gründe für dieses schnellere Wachstum? Analysieren Sie, welcher Anteil der Mitarbeiter und Ressourcen Ihres Unternehmens in der inkrementellen Weiterentwicklung gebunden ist, d. h. für das durchschnittliche und unterdurchschnittliche Wachstum Ihres Unternehmens. Bemessen Sie den Anteil, der für das überdurchschnittliche Wachstum arbeitet. Betrachten Sie genau, welche Trends der Digitalisierung – oder auch der KI – Sie für die Wertschöpfungsstufen Ihres Unternehmens ausmachen und nutzen können.

3 Innovationen erfordern neue Organisationsformen, die parallel zur konventionellen Organisation bestehen

Ein wesentlicher Unterschied der heutigen Unternehmensrealität zu der von früher, in der das Paradigma der vertikalen Organisation entwickelt wurde und sich durchsetzte, besteht in der Bedeutung von Innovationen für die Zukunftsfähigkeit eines Unternehmens. Die Frage für alle Manager lautet daher nicht, *ob*, sondern *wie* man das Unternehmen weiterentwickelt. Eine wesentliche Herausforderung besteht in der Geschwindigkeit, mit der sich Innovationen und Prozesse heutzutage vollziehen. Dabei sind die Fähigkeiten für das prognostische Denken des Menschen nicht unbegrenzt: Während wir uns mit einer linearen Steigerung eines Prozesses gedanklich gut arrangieren können, fehlt es uns an Vorstellungsvermögen, wenn sich etwas exponentiell beschleunigt.

Ein einfaches Rechenbeispiel zeigt den Unterschied: Bei einer linearen Veränderung ergibt 2 x 30 = 60, bei einer exponentiellen sind zwei hoch dreißig = 1.073.741.824 – also eine völlig andere Dimension, die man nicht mal »so nebenbei« ausrechnen und verarbeiten kann.

Daraus entstehen mitunter aufschlussreiche Fehlprognosen von zukünftigen Veränderungen und Innovationen. Ein Beispiel für eine solche Fehleinschätzung zeigt die Geschichte der Entschlüsselung des menschlichen Genoms, die in den 1970er-Jahren begann und deutlich früher beendet war als ursprünglich vermutet. Seit dem Forschungsstart vergingen fünf Jahre, bis das komplette, aber vergleichsweise kleine Genom eines Grippe-Virus entschlüsselt werden konnte. Das war selbst nach damaligem Maßstab eine recht lange Zeit für verhältnismäßig wenig Information. Deshalb gingen Schätzungen zur damaligen Zeit davon aus, dass die Milliarden Basenpaare des menschlichen Genoms erst nach weiteren 50 Jahren erfasst werden könnten. Die Vorstellung einer linearen, also gleichbleibend steigenden technologischen Entwicklung war allgegenwärtig und lag daher dieser Einschätzung zugrunde.

3 Innovationen erfordern neue Organisationsformen

3.1 Die Kraft exponentieller Innovationsgeschwindigkeit

Das änderte sich allerdings rapide, als man 1998 für diese Aufgabe ein Start-up engagierte, das gleich mit mehreren innovativen Konzepten eine deutliche Beschleunigung des Verfahrens vorschlug. Es hatte keine Scheu davor, auch unorthodoxe Methoden einzusetzen, beispielsweise wurden überschüssige Rechnerkapazitäten von Computer-Netzwerken genutzt, was damals eine neue Idee war. Nur ein Jahr später, also 1999, galt dann das menschliche Chromosom 22 schon als ausgewertet und komplett entschlüsselt.

Auch danach war die Überzeugung noch weit verbreitet, dass es mehrere Jahrzehnte dauern würde, bis alle Chromosomen des Menschen offengelegt sein würden. Aber dann zeigte sich die Wirkung exponentieller Entwicklung. Denn man musste auf das Gesamtergebnis noch nicht einmal ein weiteres Jahr warten, bis ein erster Vorschlag für das gesamte menschliche Genom vorlag, und nur zwei weitere Jahre, also bis 2003, vergingen, bis dieses auch noch valide verifiziert wurde. Insgesamt war man also ganze drei Jahrzehnte vor dem prognostizierten Verlauf mit dem Nachweis fertig!

Dieses Beispiel zeigt, wie wichtig die Erkenntnis ist, dass anscheinend nicht zusammengehörende Technologien einander doch unterstützen und Innovationen beschleunigen können, denn die Weiterentwicklung von IT-Netzwerken und -Infrastrukturen hatte zunächst keinerlei Verbindung zur Technologie der Gen-Sequenzierung. Durch den Einsatz von Analysetools, verteilt auf eine Cloud, änderte sich dieser Zustand dramatisch. Es kam zu einer Explosion an völlig neuen, disruptiven Ideen, die alles Bisherige auf den Kopf stellten.

Die Digitalisierung spielt selbstverständlich die größte Rolle in diesen Abläufen. Daher ist es wenig verwunderlich, dass wir die Entwicklung digitaler Technologien betrachten müssen, um zu verstehen, welchen Einfluss die parallele Entwicklung der IT auf alle anderen Geschäftsmodelle und Produktinnovationen hat.

3.2 Organisatorische Voraussetzungen für Transformation durch Innovation

Eine erfolgreiche Produktinnovation ohne irgendeine Form von digitaler Unterstützung ist heutzutage eher die rare Ausnahme, denn jede Veränderung und Innovation verläuft in einem sich exponentiell verändernden digitalisierten Innovationssystem und kann so jederzeit durch eine noch bessere Alternative ersetzt werden. Wir handeln und reagieren jedoch lediglich mit unserem linear operierenden Verstand in einem Entwicklungsumfeld, in dem Veränderungen exponentiell ablaufen. Das stellt ein großes Problem dar, denn die traditionellen Innovationsprozesse, gerade die in Konzernen, sind überwiegend auf lineare Entwicklung ausgelegt. Konzerne müssen jetzt handeln, um ihre Innovationen umzusetzen und wettbewerbsfähig zu bleiben.

Daher ist an der Zeit, sich von der linearen Vorstellung von Innovationszyklen zu verabschieden. Führungskräfte müssen sich bewegen, aber auch schneller und agiler werden, um gleichzeitig besser zu werden. Vor allem müssen sich Konzerne von langwierigen Innovationsprozessen, die nur auf das Inkrementelle abzielen, verabschieden.

Die Veränderungen nehmen drastisch zu, und die Zeitspannen zwischen den Veränderungen werden immer kürzer. Die Frage stellt sich, wie eine Organisation eine derartige Innovationsgeschwindigkeit transportieren und ob sie mit ihren heutigen Strukturen überhaupt damit umgehen kann. Unsere Hypothese lautet, dass die Unternehmen derartige Entwicklungssprünge mit der bestehenden vertikalen Organisation nicht leisten können. Um mit Innovationen Erfolg zu haben, müssen zwei grundsätzliche Voraussetzungen – die *organisatorischen* und die *kulturellen* – gegeben sein.

3.2 Organisatorische Voraussetzungen für Transformation durch Innovation

Bezüglich der organisatorischen Voraussetzungen ist die zentrale Beobachtung, dass die heutige Unternehmensrealität schon so komplex ist, dass es für wirklich Neues im Gegensatz zu den inkrementellen Entwicklungen kaum Platz gibt. Unternehmen

3 Innovationen erfordern neue Organisationsformen

sind heute überwiegend so organisiert, dass in ihnen zwei Parallelwelten bestehen: zum einen eine Linienorganisation, zum anderen eine Projektorganisation. Die Linienorganisation beschäftigt sich auch mit der Weiterentwicklung des Bestehenden und des Tagesgeschäfts, und die Projektorganisation bekommt sämtliche sonstigen Weiterentwicklungsthemen. Sie ist dabei fast immer von der langfristigen Abarbeitung von Projekten absorbiert und mehr als ausgelastet, und die internen Auftraggeber arbeiten daher teilweise mit eigenen entscheidungsprägenden Lenkungsausschüssen, in denen nur Teile des Vorstands vertreten und verankert sind. Oder es gibt Projektformen, bei denen Teilprojekte mit Unterlenkungsausschüssen in Programmen in einem Oberlenkungsausschuss gebündelt sind. Dort finden sich sehr strukturierte und mitunter sehr heterogene Projektwelten, die teilweise auch als Matrix organisiert sind.

So hat ein übergeordnetes Projekt (manchmal »Feature« genannt) eine auftraggebende Funktion, ebenso auch eine End-to-End-Verantwortlichkeit für den Gesamtprozess. Ein untergeordnetes Teilprojekt (»Domäne«) ist dann ein Zulieferer mit Verantwortung für Teilprozesse. Diese Projekte sind insgesamt als Matrix strukturiert.

Innovationsprojekte werden dabei traditionell in denselben Organisationsstrukturen angesiedelt wie die konventionelle, inkrementelle Weiterentwicklung des Unternehmens, d.h. in der Linien- oder Matrixorganisation. Ein Merkmal der neuen Organisationsrealität ist jedoch, dass Initiativen für neue, disruptive Innovationen in ganz unterschiedlichen Organisationseinheiten angesiedelt sind und zudem in heterogenen Formen erforscht werden. Eine entsprechende Übersicht finden Sie in der folgenden Grafik.

3.2 Organisatorische Voraussetzungen für Transformation durch Innovation

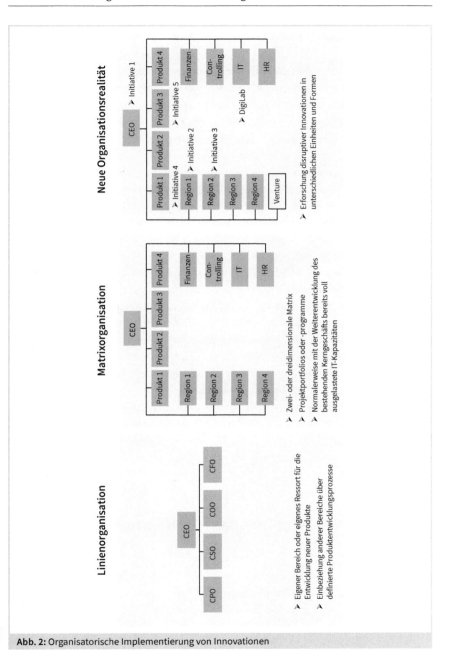

Abb. 2: Organisatorische Implementierung von Innovationen

3 Innovationen erfordern neue Organisationsformen

> **Praxisbeispiel:**
>
> *Ein Feature aus der Digitalisierungswelt kann ein Auftraggeber sein, der ein übergeordnetes Geschäftsinteresse hat. Beispielsweise möchte eine Fluggesellschaft eine App haben, mit der die Kunden Flüge buchen können. Ein anderes auftraggebendes Feature möchte gleichzeitig das betriebswirtschaftliche Ergebnis aus dem Buchungssystem verbessern, um 30 Prozent mehr Ertrag zu erzielen. Deshalb gibt es bei der Fluggesellschaft eine Stelle, die sich damit beschäftigt, wie die Sitze gebucht werden. Wenn ein Passagier von Frankfurt am Main nach Chicago fliegen möchte, wird von dieser Stelle eruiert, für welchen Sitz er welchen Preis bezahlt, und der Platz gegebenenfalls reserviert.*
>
> *Die zuständige Domäne arbeitet gleichzeitig in beiden Features mit, weil sie die Expertise besitzt, wie man einen Sitz buchen und zugleich möglichst gewinnbringend zuteilen kann. Wenn man sich bei diesem Beispiel eine Matrix vorstellt, hat man Kreuzungspunkte und muss aus der Feature-Perspektive dafür Sorge tragen, dass die App fertiggestellt wird. Immerhin steht man ja in der End-to-End-Verantwortung, und die Anwendung muss ab dem Download aus dem App-Store funktionieren, auch Buchungssysteme und das Erstellen der Bordkarte sind von Relevanz, die Revenue- und die Maximierungsfunktion müssen ebenfalls optimiert werden. Zudem gibt es Mitwirkende in den Abteilungen, die vorgeben, dass alles binnen der kürzestmöglichen Frist fertig sein muss, damit das Budget nicht überschritten wird und die Ressourcen wieder frei werden. Dadurch entstehen Spannungen innerhalb der Matrix, besonders bei Mitarbeitern, die sowieso die Systeme pflegen und das Tagesgeschäft verantworten, denn sie sind zugleich und zumeist »hauptberuflich« Teil einer Linienorganisation.*

3.3 Kulturelle Voraussetzungen für Transformation durch Innovation

Neben den organisatorischen Voraussetzungen sind die kulturellen Voraussetzungen von großer Bedeutung. Dabei machen drei wesentliche Faktoren eine erfolgreiche Innovationskultur aus: Inklusion, Sicherheit und Motivation.

3.3 Kulturelle Voraussetzungen für Transformation durch Innovation

1. Inklusion

Unter Inklusion versteht man das Einbeziehen aller Ideen und das vorurteilsfreie Aufnehmen von heterogenen Ideen zu den vorhandenen Themen. Wenn ein Manager wirklich innovativ sein möchte, muss er alle Meinungen anhören, und es muss eine Diversität von Ideen vorhanden sein, um wirklich eine breite Anzahl von Vorschlägen zu bekommen.

2. Sicherheit

Die formalen Kriterien für eine Organisation laufen der mit Innovation verbundenen Unsicherheit entgegen, denn normalerweise gibt es immer ein präzises System und eine engmaschige Mechanik, was und wie genau modifiziert wurde, um es möglichst für alle gerecht zu machen. Aber wie kann man dies erreichen, wenn es unklar ist, welche Themen und Herausforderungen relevant werden, und wenn man zum Zeitpunkt von Zielvereinbarungsgesprächen noch nicht einmal eine Idee vor Augen hat und vielleicht nicht einmal weiß, dass es diese Idee gibt, die es umzusetzen gilt?

3. Motivation

In der Motivationstheorie gibt es neben Hygienefaktoren auch die Frage nach Motivatoren wie Erfolg, Anerkennung oder Verantwortung. Doch wie wird jemand beurteilt, der einen Vorschlag für eine Innovation macht? Einerseits ist ihm die Anerkennung sicher, mit dem Thema begonnen zu haben, manchmal wird die bestehende Organisation aber auch neidisch sein, weil Geld für diese Idee da ist. Sie wird mitunter alles tun, diese Idee zu verhindern, weil sie nicht von Leuten entwickelt wurde, die sich eventuell schon seit 20 Jahren mit dem Gegenstand der Innovation beschäftigen. Ablehnung ist also durchaus ein Thema, daher muss man auch Anreize schaffen und durch Lob oder Anerkennung motivieren, damit sich die Mitarbeiter überhaupt auf den Weg begeben. Daher ist auch diese dritte Voraussetzung wichtig, um Innovationen zu verwirklichen.

Alle diese drei Faktoren stehen den gegenwärtigen Managementsystemen konzeptionell entgegen. Die Menschen in den Organisationen sind häufig geradezu Innovations-Verhinderer. Wer sich nach bestehenden Regeln richtet, wird normalerweise nicht Innovator in einem großen Konzern, denn die vorherrschenden menschlichen Strukturen von großen Unternehmen widersprechen der Innovationskultur völlig, und jeder, der nach den etablierten Regeln einer Organisation spielt und dort Erfolg haben möchte, müsste Innovationen eigentlich vermeiden.

3 Innovationen erfordern neue Organisationsformen

Wenn ein Unternehmen überlegt, was getan werden kann, kommen schnell Inkubatoren ins Spiel – Unternehmen versuchen über DigiLabs oder Entrepreneurship-Programme ihren eklatanten Mangel an Innovationsfähigkeit zu kompensieren.

Wenn jemand wirklich innovativ sein will, dann wird er sich Gleichgesinnte suchen und ein Start-up gründen. Diese Botschaft greifen Firmen auf und bieten besondere Organisationsformen für angestellte Unternehmensgründer – diese gründen dann nicht ihre eigene Firma, sondern eine Hybridform, ein Firmen-Start-up. Die besondere Eigenschaft von diesen Firmen-Start-ups ist, dass es sich nur um eine vermeintliche Unabhängigkeit vom Mutterunternehmen handelt, aber nicht um eine echte. In Wirklichkeit sind die Firmen-Start-ups auf mannigfaltige Art und Weise dem Sponsor-Unternehmen weiterhin verbunden, beispielsweise indem die Mitarbeiter, die dort arbeiten, aus dem Unternehmen kommen. Dementsprechend wollen sie auch wieder dorthin zurückkehren, da sie für sich eine Zukunft im Unternehmen sehen. Außerdem kommt das Budget häufig aus dem Unternehmen und nicht aus dem freien Wagniskapital (Venture Capital) – es wird überwiegend auch nicht von den Gründern eingebracht, sondern kommt direkt vom Sponsor. Oft passiert es auch, dass die Vorstände sich regelmäßig berichten lassen. Dadurch sind die DigiLabs häufig nicht unabhängig. Daher stellt sich die Frage, ob die Firmen-Start-ups wirklich in dem, was sie anfangen, frei sind. Meistens ist das nicht der Fall, denn ihr Suchfeld für Geschäftsideen konzentriert sich häufig auf das Kerngeschäft ihres Sponsors und sein Umfeld. Das zeigt besonders eindrücklich, dass diese Unternehmensausgründungen nur scheinbar unabhängig sind.

Häufig werden viele Mitarbeiter in DigiLabs nur für einen Zeitraum von ein bis drei Jahren entsandt, meistens gibt es für sie sogar eine Rückholgarantie. Sie haben häufig einen weiter bestehenden Arbeitsvertrag, können wieder in die alte Organisation zurückkehren und überlegen daher, ob sie wirklich innovativ-disruptiv denken sollen – oder ob sie doch lieber etwas machen, was dem neuen Chef gefällt.

Wenn man innovativ arbeiten möchte, merkt man häufig zwei Dinge: zum einen, dass die organisatorischen Voraussetzungen häufig nicht vorhanden sind, und zum anderen, dass die kulturellen ebenfalls fehlen. Dadurch bringen die DigiLabs auch keine echten Innovationen, weil sie zu nah am bestehenden Kerngeschäft arbeiten und die Manager wieder zurückkehren wollen. Es wird nur ein Problem – vermeintlich –

3.3 Kulturelle Voraussetzungen für Transformation durch Innovation

gelöst, nämlich das der organisatorischen Seite. Leider ist dies nur ein Teil des Ganzen von dem, was notwendig wäre.

Damit sind wir wieder bei der Ambidextrie – die Organisationen müssen beides managen. Aber genau deshalb tun sie sich so enorm schwer, nicht nur das bestehende Geschäft weiterzuführen, sondern überhaupt innovativ-disruptiv zu agieren und jemanden unabhängig arbeiten zu lassen.

> **Zusammengefasst:** !
>
> *Die Fähigkeit von Unternehmen, tief greifende Innovationen erfolgreich zu managen, hängt vor allem von ihrer Bereitschaft ab, die organisatorischen und die kulturellen Voraussetzungen für diesen radikalen Wandel erfolgreich zu gestalten. Organisatorisch muss das Unternehmen parallel zur bestehenden Organisation für das Tagesgeschäft eine zumeist matrixartig ausgestaltete Projektorganisation mit engem Bezug zum Kerngeschäft abbilden und die daraus resultierenden Zielkonflikte erfolgreich managen. Kulturell muss es dem Unternehmen gelingen, die im bestehenden Geschäft vorherrschende Risiko-Aversion durch eine Kultur der Offenheit und Fehlertoleranz gepaart mit der Bereitschaft, das Bestehende infrage zu stellen, zu ergänzen oder sogar zu ersetzen.*

Praxistipps:

Bauen Sie die Projektorganisation in Ihrem Unternehmen um. Auftraggeber für innovative Projekte mit hohem Digitalisierungsanteil müssen die kundennahen Vorstandsressorts sein. Diese formulieren das Kundenerlebnis, geben die Ziele vor und strukturieren die Arbeit nach agilen Prinzipien. Lassen Sie den digitalen Inhalt in den IT-Abteilungen als untergeordnete Teilprojekte entwickeln. Besetzen Sie dabei die Teilprojekte mit gemischten Teams, sodass immer auch Vertreter der Endkundenperspektive bei allen Entscheidungen mitwirken. Proben Sie die Arbeitsergebnisse frühzeitig mit echten Nutzern und setzen Sie durch, dass das Feedback ernst genommen und schnellstmöglich umgesetzt wird. Besetzen Sie die Schlüsselpositionen mit Ihren besten und motiviertesten Mitarbeitern – möglichst nicht mit Externen. Kümmern Sie sich durch proaktives Stakeholder-Management darum, dass das innovative Projekt intern den Ruf genießt, den es verdient: Die Zukunft des Unternehmens hängt davon ab.

3.4 Perspektivwechsel ist eminent

Hilfreich für einen Perspektivwechsel ist die in der Einleitung erwähnte Helikopter-Perspektive, um die sich überlagernden Matrizen zu erkennen, die drei-, vier- oder fünfdimensional auftreten können. Dieser Gedanke ist für jeden Manager eine Herausforderung, der er sich jedoch stellen muss, denn die Frage ist, was er noch wahrnimmt, wenn er sich in dieses dichte Geflecht begibt. Hier ist der übergeordnete Perspektivwechsel von besonderer Bedeutung, da er eine Form von Überlebensstrategie für das Unternehmen und den Einzelnen darstellt.

In einer Organisation gibt es zunächst einen »klassischen« Chef, der vorgibt, um was sich ein Mitarbeiter »in der Linie« kümmern soll. In einer Matrixorganisation gibt es dann einen weiteren Vorgesetzten, der beispielsweise erklärt, dass der deutsche Markt gesättigt sei, daher wolle man in China wachsen – der Mitarbeiter soll sich darum kümmern, dass ein bestimmtes Produkt dort verkauft wird. Zeitgleich ist der Mitarbeiter in ein weiteres Projekt involviert und für das Budget einer ganz anderen Führungskraft verantwortlich. Somit beschäftigt er sich gleichzeitig mit völlig unterschiedlichen Dingen, weil er zum Beispiel in dem Projekt nur mit der IT- oder Vertriebsseite des China-Produkts betraut ist. Zudem berichtet er an einen Vertriebsvorstand, mit dem er sonst überhaupt nichts zu tun hat, da er eigentlich nur einen Produktvorstand und einen Ländervorstand hat. Wie Sie sehen, ist es für einen Mitarbeiter, der in dieser multidimensionalen Organisation tätig ist, ausgesprochen schwierig, sich zu orientieren und zu verstehen, was von ihm erwartet wird. Diverse Zielkonflikte sind vorprogrammiert und damit auch Konflikte in den Managementbeziehungen.

3.5 Motivation nach dem Zufallsprinzip?

Eine zentrale Frage ist auch, wonach sich der Bonus eines Mitarbeiters berechnet.

Wird er einen Bonus nach Linienverantwortung bekommen? Und was steht in seinem Beurteilungsbogen, wenn er nicht mehr operativ im Tagesgeschäft tätig ist, sondern sich in Projekten bewegt, auf welcher Matrix und in welcher Dimension auch immer? Bei diesen Themen muss sich der Mitarbeiter überlegen, wo er steht und welche Überlebensstrategie er formulieren und definieren muss.

2.5 Motivation nach dem Zufallsprinzip?

Mitunter stellt er auch fest, dass ihn sein Chef gar nicht mehr kennt, was natürlich sehr demotivierend ist. Häufig denken diese Mitarbeiter über ihre persönliche Exit-Strategie nach, also darüber, wie sie das Unternehmen verlassen können. Ein klassischer Ansatz für den Umgang mit der Veränderung ist »love it, change it or leave it«. Ein Unternehmenswechsel kommt häufig nicht infrage, somit bleibt also nur noch »love it or change it«. Auch im Tagesgeschäft ist zu beobachten, dass die Mitarbeiter sehr engagiert sind. Sie versuchen, es nach Möglichkeit allen Beteiligten recht zu machen und zerreißen sich in den mehrdimensionalen Matrizen und Berichtslinien. Oder sie wählen die interne oder offene Kündigung – in jedem Fall sind sie für das Unternehmen verloren.

Zu dieser Beobachtung passt der »Engagement Index Deutschland« – das international renommierte Gallup-Institut befragt jedes Jahr 1000 zufällig ausgewählte Beschäftigte zu ihrem Arbeitsplatz. Vier von fünf Mitarbeitern fühlen sich ihrem Unternehmen kaum oder gar nicht emotional verbunden, ergab die repräsentative Studie. Die weiteren Ergebnisse sind ebenso ernüchternd: 71 Prozent der Befragten gaben an, nur noch Dienst nach Vorschrift zu machen. Bei 14 Prozent ist die Bilanz noch negativer: Sie haben innerlich schon gekündigt. Diese Zahl ist trotz aller guten Vorzeichen im Vergleich zum vergangenen Jahr nur um ein Prozent gesunken. Damit sind immer noch mehr als fünf Millionen Menschen mit ihrer Stelle so unzufrieden, dass sie am liebsten sofort kündigen würden oder sich schon nach einem neuen Arbeitsplatz umschauen. Fünf Millionen Menschen entsprechen ungefähr der Einwohnerzahl unseres Nachbarlands Dänemark!

Der Studie zufolge fehlt es in vielen Unternehmen zudem an Flexibilität und Mut für Veränderungen. Denn Mitarbeiter, die ihr Unternehmen als schnell und effizient einschätzen, haben gleichzeitig meist eine höhere emotionale Bindung zu ihrer Arbeit sowie mehr Vertrauen in die finanzielle Zukunft ihres Unternehmens. Wenn Entscheidungen als langwierig und Arbeitsprozesse als umständlich wahrgenommen werden, schadet das der Studie zufolge nicht nur der Motivation der Mitarbeiter, sondern auch dem Umsatz des Unternehmens. Zufriedene Mitarbeiter sind im Schnitt seltener krank und arbeiten produktiver. Gallup schätzt den volkswirtschaftlichen Schaden, den die innere Kündigung von Mitarbeitern verursacht, daher auf bis zu 103 Mrd. Euro.

3 Innovationen erfordern neue Organisationsformen

Die Problematik liegt also darin, dass die Führungskraft gar nicht mehr weiß, was der Mitarbeiter denkt und fühlt, weil sie keinen Kontakt mehr zu ihm hat und somit gar nicht mehr beurteilen kann, ob der Mitarbeiter zufrieden oder unzufrieden ist.

Auch das ist ein häufig vorkommendes Szenario: Ein Manager möchte auf einen Mitarbeiter Einfluss nehmen, weil er nicht so verfügbar ist, wie er sich das vorstellt. Er wendet sich an dessen Linienvorgesetzten, der ihm dann aber sagt, dass auch er nicht auf ihn einwirken könne, da der Mitarbeiter noch drei andere Chefs habe. Die Steuerung ist also extrem schwierig.

4 Disruptive Veränderungen auf dem Markt machen stabile Organisationsstrukturen unmöglich

Es stehen viele Fragen im Raum: Wie beeinflussen Innovationen Organisationen, und wie können diese Innovationen sinnvollerweise in die Organisationen überführt werden? Und kann man angesichts der Vielfalt an relevanten Innovationen überhaupt strukturell stabile Organisationsformen implementieren? Ist die neuartige, von uns ambidextrisch genannte Organisationsform überhaupt zu vermeiden? Hierzu lautet unsere erste Kernthese: Stabile Organisationsformen gehören der Vergangenheit an.

In der klassischen Organisationslehre heißt es »structure follows strategy« mit folgender Überlegung: Das Unternehmen definiert eine Strategie, die möglichst langfristig stabil ist, um dann daraus die Aufbauorganisation des Unternehmens abzuleiten. Mit der Kopplung der Organisation an die langfristig orientierte Strategie versucht dieses Modell, auch der Organisation eine beständige Perspektive zu geben. Das macht durchaus Sinn, da umfassende strukturelle Anpassungen immer zeitintensiv sind und enormen Aufwand und Kosten zur Folge haben. Zudem ist es auch kulturell immer schwierig, Mitarbeiter in neue Organisationsformen zu überführen. Auch der Zeitfaktor spielt eine Rolle, denn das Unternehmen steht ja im Wettbewerb im Markt. Von der Entwicklung einer neuen Organisationsstruktur bis zu deren Implementierung vergeht mindestens ein Jahr: Sie muss konzipiert und im Detail ausgearbeitet, mit den Führungskräften und dem Vorstand abgestimmt werden und bei den Mitbestimmungsgremien Zustimmung finden. Erst danach kann eine Neuorganisation umgesetzt werden, wobei auch weitere zeitaufwendige Maßnahmen zu berücksichtigen sind, etwa räumliche Veränderungen, bei denen Mitarbeiter neue Arbeitsplätze bekommen und – als ganz operatives Beispiel – in Outlook und interne Telefonbücher integriert werden müssen.

4.1 Erosion konventioneller Geschäftsmodelle

Insbesondere bei größeren Unternehmen ist das Geschäftsmodell meistens in einer integrierten Wertschöpfungskette abgebildet. Je nachdem, um welche Industrie bzw. Branche es sich konkret handelt, besteht das Unternehmen in der Regel aus

4 Disruptive Veränderungen auf dem Markt

verschiedenen Wertschöpfungselementen, angefangen bei Produkten über Produktentwicklung, Verkauf, Wartung, Pflege, Bestand bis zum After-Sales.

Die nähere Analyse ergibt, dass disruptive Veränderungen zumindest potenziell in allen Wertschöpfungsstufen vorkommen.

Praxisbeispiel:

Heutzutage haben Autofahrer ein deutlich anderes Nutzerverhalten als früher, als der Autofahrer noch mit einem Autobesitzer gleichzusetzen war. Früher kaufte man ein Auto und nutzte es. Und man kaufte noch einen Zweitwagen für die gelegentliche Nutzung. Heute sind Carsharing und Fahrdienste ganz weit vorn und werden sich sehr dynamisch entwickeln. Auf der Stufe Kundenverhalten können wir daher schon deutliche Veränderungen beobachten. Auch der Antrieb von Autos verändert sich von Verbrennungs- auf Elektroantrieb und weitere Alternativen. Zudem stellt sich die Frage, wie Autos zukünftig geleitet bzw. geführt werden. Von selbstfahrenden Autos bis zur Vernetzung von Fahrzeugen, die miteinander gekoppelt in Fahrstreifen fahren, reichen hier die Visionen ernst zu nehmender Trendbeobachter.

Starke Veränderungen sind auch bei Versicherungen sehr deutlich erkennbar. Früher wurden ein neues Produkt oder eine neue Produktgeneration entwickelt und in den einzelnen Wertschöpfungsstufen implementiert. Heute sehen wir, dass in dieser herkömmlichen Geschäftslogik disruptive Veränderungen in allen Wertschöpfungsstufen stattfinden. Ein Beispiel ist die Allianz, die als etablierter und konventioneller Versicherer mit Iconic Finance eine Finanzdienstleistung parallel zu dem langjährig bestehenden Geschäftsmodell unter neutralem Namen anbietet. Die Allianz entwickelt und probiert Neues aus und testet nicht nur einzelne Innovationen in Wertschöpfungsstufen, sondern neue Geschäftsmodelle als Summe der einzelnen Wertschöpfungselemente.

Wenn sich jedoch in jeder Wertschöpfungsstufe nicht nur inkrementell, sondern disruptiv etwas verändert, dann ist eine Prognose von Geschäftsmodellen, Wertschöpfungsstufen und -elementen mit erheblichen Unsicherheiten verbunden. Die Frage stellt sich mit hoher Dringlichkeit: Wenn sich einzelne Wertschöpfungsstufen dramatisch verändern, was bedeutet das für das Gesamtunternehmen, sein Geschäftsmodell und seine Wertschöpfung?

4.1 Erosion konventioneller Geschäftsmodelle

Schreibt man die erwähnten Trends in die Zukunft fort, liegt die Vermutung nahe, dass sich die Erosion konventioneller Geschäftsmodelle fortsetzen und eine Vielzahl neuer Geschäftsmodelle entstehen wird, da sich einzelne Elemente der Wertschöpfungsstufen neu kombinieren. Dabei ist es unmöglich vorherzusagen, wie sich diese Geschäftsmodelle in der Zukunft entwickeln werden. Zudem ist davon auszugehen, dass es keine über längere Zeiträume stabilen Geschäftsmodelle geben wird, sondern dass auch deren Dynamik als Summe der Dynamik von einzelnen Wertschöpfungselementen drastisch zunehmen wird. Es entstehen völlig neue und veränderte Geschäftsmodelle, die sich etablieren – und natürlich durch den angesprochenen Wandel auch schnell wieder verschwinden werden.

Was heißt das für die Strategie? Wenn man ein Umfeld hat, in dem sich disruptive Veränderungen auf den einzelnen Wertschöpfungsstufen und damit in den Geschäftsmodellen entwickeln, ist es enorm schwierig, überhaupt eine klassische langfristige Strategie zu formulieren.

In der Vergangenheit erstreckte sich die Strategie immer als Planung über einen Zeithorizont von mittelfristig ca. ein bis zwei Jahren, langfristig vier bis fünf Jahren – auf dieser Basis wurden die Geschäftspläne entwickelt und die operativen Planungen abgeleitet. Wenn mittlerweile das Umfeld so dynamisch ist, wie wir das oben dargelegt haben, dann ist eine langfristige Strategie mit einem Zeithorizont von drei bis fünf Jahren unmöglich. Die Strategie wird entwickelt, hat aber eine Halbwertszeit von nur noch einem halben oder maximal einem Jahr. Danach ist sie komplett zu überprüfen und in aller Regel neu zu formulieren.

Die Fristigkeiten der Strategie-Entwicklung spiegeln sich auf allen Ebenen des Unternehmens. Ein Unternehmen muss für diese Analyse, die auf die hergebrachten Organisationsprinzipien abzielt, als ein möglichst homogenes Ganzes gedacht werden. Wenn man sich beispielsweise im Kontext der Strategie die Zyklen von Aufsichtsratssitzungen anschaut, hat man eine Verzahnung mit der Langfristigkeit und dem Geschäftsjahr. In aller Regel tritt der Aufsichtsrat zu Jahresbeginn für einen Rückblick auf die Geschäftsergebnisse des Vorjahres zusammen. Dann folgt eine Aufsichtsratssitzung im ersten Quartal. Im Sommer oder Frühherbst finden Strategieklausuren von Vorstand und Aufsichtsrat statt, um die Strategie für die nächsten Jahre zu diskutieren und weiterzuentwickeln – sie bildet die Grundlage einer angepassten operativen Geschäftsplanung für das Controlling im darauffolgenden Jahr. Diese Arbeiten münden dann in eine Verabschiedung des Geschäftsplans für das

4 Disruptive Veränderungen auf dem Markt

Unternehmen in einer Aufsichtsratssitzung kurz vor Jahresende, in dem die entsprechenden Planungen für das kommende Jahr verabschiedet werden.

Unterstellen wir eine hohe Disruption und Dynamik im Unternehmen und in der Branche, dann ist die Geschäftsplanung am Jahresende schon überholt, und was man wenige Monate vorher in der Strategieplanung diskutiert hat, ist bereits obsolet, bevor es formal verabschiedet wurde.

Doch wie soll sich das Management zu derartigen disruptiven Veränderungen stellen – langfristige Strategie hin oder her? Soll man wenig investieren, um nur Follower zu sein, und abwarten, was passiert und wie sich der Markt entwickelt? Oder investiert man in einzelnen Bereichen und versucht, situativer Innovator zu sein? Oder macht man gar nichts, um mit eingesparten Ressourcen später über Akquisition innovative Geschäftsmodelle zu installieren? Diese beispielhafte Aufzählung von Handlungsoptionen zeigt auf, wie extrem anspruchsvoll es im Kontext disruptiver Veränderungen für viele Unternehmen ist, eine Strategie zu entwickeln. Vermutlich investieren die meisten situativ, wobei es häufig schwierig sein dürfte, den Gesamtüberblick zu behalten.

4.2 Bestehende Organisationsstrukturen sind meist langfristig ausgelastet

Wir kennen aus unserer Arbeit in bestehenden Organisationen (Linienorganisation und/oder bestehendes Projektportfolio) nur *eine* Ausgangssituation für den Umgang mit einem disruptiven Umfeld: Die Projektorganisation ist völlig ausgelastet, wenn nicht sogar chronisch überlastet. Das gilt insbesondere auch für die IT. Dies ist ein einfacher Grund für die Unmöglichkeit, in die bestehende Organisation Neues einzubringen und neue Themen zu platzieren. Daher ist es völlig naheliegend, dass Ausweichlösungen wie beispielsweise Sonderprojekte und Beraterprojekte die einzige Möglichkeit bieten, Innovationen zu implementieren.

Die Strukturen dieser Ausweichlösungen, gerne »U-Boot-Projekte« genannt, befinden sich typischerweise außerhalb der klassischen Linienorganisation und haben meistens auch eigenständige Auftraggeber und Berichtslinien, die bei einem einzelnen Vorstand zusammenlaufen. Sie befinden sich außerhalb der konventionellen Welt mit ihren Vorgaben, Vorlagen und Schemata. Zugespitzt gesagt: Die Frage ist nicht, *ob* ein Unternehmen gezwungen ist, solche Lösungen einzuführen, sondern die Frage ist nur, *wie viele* Ausweichlösungen das Unternehmen zulässt und implementiert. Das ist zugleich ein Gradmesser für die organisatorische Anarchie. Unsere These: Die Notwendigkeit, eine ambidextrische Organisation einzuführen, ist eine Konsequenz des äußeren Innovationsdrucks, den die bestehende Linienorganisation nicht bedienen kann.

Die heute eher anarchisch anmutenden Lösungen außerhalb der bestehenden Linien- und Projektorganisationen werden ohne ambidextrische Unterfütterung als Ventillösung für alles Innovative zum Standard. Paradox an dieser Entwicklung ist, dass Unternehmen häufig nichts Innovatives in der bestehenden Organisation schaffen und den Mangel mit weiteren Organisationsformen zu lösen versuchen.

Hinzu kommt: Im beschleunigt disruptiven Umfeld weiß die Führungskraft nicht mehr, ob die mühevoll und mit hohen Risiken implementierten Sonderprojekte tragen oder kurzfristig wieder von der Agenda genommen werden. Vielleicht gibt es innerhalb eines halben oder Dreivierteljahres wieder ein ganz anderes Thema, das mit hoher Priorität umgesetzt werden muss. Das Korsett einer Linienorganisation steht einer derartigen Dynamik diametral entgegen.

4.3 Immenser Druck äußerer Bedingungen

Anhand der äußeren Bedingungen für Unternehmen wie Wachstumsdruck, Kostendruck und immenser Innovationsdruck lässt sich zeigen, was ein Unternehmen leisten müsste, um eine anarchisch anmutende Organisationsvielfalt zu vermeiden.

Um dies zu beschreiben, wählen wir als Ausgangspunkt unserer Überlegungen ein typisches Start-up. Start-ups suchen sich häufig einen bestimmten Teil der Wertschöpfungskette heraus und versuchen, diesen als eigenständiges Geschäftsmodell zu entwickeln. Sie sind dabei überaus frei, sich mit anderen Start-ups zusammenzutun, die andere Teile etablierter Wertschöpfungsketten abdecken. Dadurch entsteht für den Kunden ein neues Geschäftsmodell, in dem die Start-ups zusammenwirken und zugleich ihren eigenen Beitrag nach ihren eigenen Gesetzmäßigkeiten optimieren. Das ist der Wettbewerber, dem sich ein herkömmliches Unternehmen gegenübersieht – kein Wunder, dass der Platzhirsch mit dieser Konkurrenz häufig überfordert ist.

Denn mit dieser Marktentwicklung hat das etablierte Unternehmen, das die gesamte Wertschöpfungskette abdeckt, das Problem, dass es mit neuen Wettbewerbern konkurrieren muss, die in der einzelnen Wertschöpfungsstufe Spezialisten sind und damit einen anderen Fokus haben als die herkömmlichen Wettbewerber. Gleichzeitig kann es sich das Unternehmen in den allermeisten Fällen nicht leisten, dass es Teile der Wertschöpfungskette aufgibt.

Praxisbeispiel:

Wie schwierig erfolgreiches Management neuer Geschäftsmodelle für traditionelle Wettbewerber ist, sieht man bei BMW und Mercedes. Sie haben sich beim Carsharing mit DriveNow und car2go notgedrungen zusammengetan, um gegen Uber zu bestehen, das auch den deutschen Markt erobern will. Dieser Zusammenschluss ist ein Zeichen dafür, wie schwer sich etablierte Unternehmen damit tun, sich in nur einem Teil der Wertschöpfungskette zu bewegen und mit einem Start-up zu konkurrieren, das nur diesen Ausschnitt der Wertschöpfungskette bedient und sonst nichts.

Diese Start-ups, die gleichermaßen Konkurrenten sind, sind alle auf ihre eigene Weise organisiert, sodass sie am Markt überleben können – die vertikal organisierten Unternehmen müssen nachziehen. So entsteht Druck auf das Blaupausen-Organisationsmodell, und die Führungskräfte müssen überlegen, ob sie sich anders aufstellen müssen, wenn sie mit Uber konkurrieren wollen. Die Konsequenzen sind für sie weitreichend: Sie müssen ihre Mitarbeiter anders bezahlen, teilweise ganz andere Arbeitskräfte einstellen, diesen andere Karrieremöglichkeiten bieten, da sie sonst zu den Start-ups gehen. Alles muss anders gesteuert werden. Der Weg zur anarchisch anmutenden Organisation ist vorprogrammiert, weil jeder Unternehmensteil mit Recht eine eigene Organisationsform und alles, was damit einhergeht, einfordert. Die Fragmentierung der Wertschöpfungskette beschleunigt somit den Weg zur ambidextrischen Organisation als Lösung.

4.4 Veränderung von Grenzkosten als Treiber der Fragmentierung

Um weiter zu illustrieren, wie sich Wertschöpfungsstufen durch Digitalisierung verändern können, kehren wir noch einmal zur Digitalfotografie zurück, da heutzutage fast jedes Handy eine digitale Kamera besitzt. Zu Zeiten, als es noch Kodak gab,

4.4 Veränderung von Grenzkosten als Treiber der Fragmentierung

kostete jedes Foto mindestens 20 Pfennig pro Abzug, wenn man sehen wollte, was man fotografiert hatte, und vorher musste noch ein Film gekauft werden. Dadurch waren die Grenzkosten – im Gegensatz zu heute – pro Foto nicht gleich null. Bei den Speicherkapazitäten auf jedem Handy spielt es heute dagegen keine Rolle, wie viele Selfies wir machen. Man kann sie gleich anschauen, löschen, ausdrucken und Tausende von Fotos bei sich haben, ohne irgendeinen Aufwand dafür zu betreiben.

Im Gegensatz zur physischen Welt, in der die Dinge etwas kosten, gibt es in der digitalen Welt Grenzkosten von null. Dafür hat man es mit ganz anderen Fixkosten zu tun. Das sind die Kosten, die sich nicht auf ein einzelnes Stück bei der Herstellung beziehen. Denn damit ich diese Fotos zu Grenzkosten von null pro Aufnahme machen kann, müssen das Smartphone und die Software entwickelt und eine entsprechende Infrastruktur erstellt werden.

Die Fixkosten steigen, während die Grenzkosten zurückgehen, somit ändert sich die Ökonomie der jeweiligen Wertschöpfungsstufe. Denn es ist ein Unterschied, ob man pro Stück Geld ausgibt, das man wieder hereinholen muss – oder ob man Grenzkosten von null hat und einfach nur ausliefern muss.

Digitalisierung wirkt nicht auf jeder Wertschöpfungsstufe gleich. Manche Produkte lassen sich leichter digitalisieren, wie beispielsweise die Fotos auf dem Handy. Doch es gibt auch Dinge, bei denen es sich anders verhält, ein Beispiel hierfür ist das Carsharing. Auch das hat eine digitale Seite: das Mieten, Abrechnen, Registrieren oder Überwachen der Fahrzeugflotte. Andererseits gibt es noch die physische Komponente, nämlich die Autos selbst – sie müssen zudem betankt, gesäubert und an attraktive Standplätze gefahren werden.

Pro Wertschöpfungsstufe gibt es also eine unterschiedliche Kostenstruktur, was fixe und variable Kosten betrifft. Und die Digitalisierung hat unterschiedliche Auswirkungen darauf, wie schnell sich die Kostenstruktur verändert. Das Besondere an der Digitalisierung ist zudem, dass die Leistungsfähigkeit explosionsartig zunimmt, wie wir bereits bei der exponentiellen Innovationsgeschwindigkeit sehen konnten.

Kehren wir zurück zu unserem traditionellen Unternehmen, das alle Wertschöpfungsstufen abdeckt. Dieses hat nicht nur mit unterschiedlichen Geschäftsmodellen zu tun und mit der neuen Konkurrenz durch Start-ups, sondern es muss auch pro Wertschöpfungsstufe eine jeweils unterschiedliche Kostendynamik managen, weil die Ökonomie der Wertschöpfungsstufen unterschiedlich ist. Die Digitalisierung selber sorgt dafür, dass man sich immer neu aufstellen muss. Das Problem wird verschärft, weil das Unternehmen immer nur eine bestimmte Summe ausgeben und nicht beliebig viel investieren kann. Es muss also gezielt vorgehen, was die Digitalisierung angeht.

Ein Start-up dagegen versucht immer, sich mit seiner Nische im Kernmarkt zu etablieren. Bei einem herkömmlichen Unternehmen gibt es beispielsweise 100 Millionen Euro Investitionsvolumen – die Frage ist, wer bekommt wie viel davon? Die Unternehmensteile präsentieren dem Vorstand, was sie machen wollen. Man braucht eine Beurteilungsskala, um zu entscheiden, in welchen Bereichen sich Investitionen am meisten lohnen. Das sind dann Business Cases, wobei berechnet wird, wann das Geld wieder verdient ist, das ausgegeben wurde, oder welchen Nutzen es bringt. Das geht über alle Wertschöpfungsstufen, weil es ein homogen geführtes Unternehmen ist und alle das Gleiche machen müssen. Dennoch ist es unterschiedlich schwierig, die Investitionen zu begründen. Wer sagt, er möchte Kosten senken, hat es wesentlich einfacher, Investitionen zu begründen, als einer, der ein neues Produkt verkaufen möchte, weil man nicht im Voraus weiß, wie gut dieses angenommen wird und wie viel Marketing-Geld in die Hand genommen werden muss, damit die Kunden überhaupt anfangen, das Produkt zu kaufen.

Die Unsicherheiten über den Return je Investition sind in der Wertschöpfungsstufe unterschiedlich ausgeprägt. Damit entsteht auch aus dieser Logik heraus eine anarchisch anmutende Organisation, weil man anfängt vorzuschreiben, was gemacht werden muss, um das Geld zu bekommen. Wie immer in der Bürokratie beginnt man, sich Vermeidungs- und andere Erfolgsstrategien zurechtzulegen. Ganz nach dem Motto: »Was muss ich denn da reinschreiben, damit ich das Geld bekomme und Erfolg habe?« oder »Wo sitzt derjenige, der meine Gelder bewilligt?« Das ist ein weiterer Schritt in Richtung ambidextrische Organisation – sie bietet die Lösung, weil ohne sie die Steuerbarkeit und Verlässlichkeit der herkömmlichen Organisation erodiert.

> **!** **Zusammengefasst:**
>
> *Die etablierten Unternehmen schaffen stabile Organisationsstrukturen für inkrementelles Wachstum in einem Umfeld mit geringer Innovationsrate. Innerhalb dieser Strukturen sind die Kapazitäten für die Weiterentwicklung des Unternehmens durch Projekte zumeist über- oder ausgelastet. In der heutigen Zeit massiver und potenziell disruptiver Innovation sind diese*

4.4 Veränderung von Grenzkosten als Treiber der Fragmentierung

Strukturen nicht in der Lage, auf die Herausforderungen zu reagieren. Erschwerend kommt für die etablierten Unternehmen noch hinzu, dass digitale Innovationen typischerweise auf allen Wertschöpfungsstufen gleichzeitig stattfinden. Oft sind es Start-ups als Spezialisten in diesen Nischen, die es den etablierten Anbietern schwer machen. Darüber hinaus gehorcht der Wettbewerb im ungünstigen Fall pro Wertschöpfungsstufe unterschiedlichen Erfolgsfaktoren. Die disruptiven Veränderungen auf dem Markt machen daher stabile Organisationsstrukturen unmöglich. Vielmehr herrscht innerhalb der Unternehmen eine anarchisch anmutende Vielfalt von Organisationsmodellen, um dem Innovationsdruck gerecht zu werden. Auch die Strategie hat als Organisationsanker längst ausgedient, da ihre Halbwertszeit vor dem Hintergrund exponentieller Veränderungen längst kürzer geworden ist als die Zeitdauer, die organisatorische Anpassungen in Anspruch nehmen.

Praxistipps:

Verschaffen Sie sich einen Überblick über die Start-ups in den Wertschöpfungsstufen Ihres Unternehmens und etablieren Sie Prozesse, mit denen dieser Überblick aktuell bleibt. Informieren Sie sich regelmäßig über die neuesten Entwicklungen. Welche Geschäftsmodelle verfolgen diese Start-ups? Welche der Innovationen der Start-ups sind dermaßen erfolgreich, dass Sie sie auf jeden Fall kopieren müssen, um im Wettbewerb zu bleiben? Suchen Sie bewusst Kooperationen mit Start-ups für gemeinsame Projekte und versuchen Sie, länger als ein Jahr an diesen Kooperationen festzuhalten. Widerstehen Sie der Versuchung, das Innovationsgeschehen in DigiLabs oder vergleichbare Sonderformen auszulagern. Etablieren Sie lieber die ambidextrische Organisation innerhalb der bestehenden Strukturen – Sie haben mehr davon.

5 Die ambidextrische Organisation entsteht und wird bleiben

In der Vergangenheit und bis heute sind größere Unternehmen immer nach ähnlichen Organisationsprinzipien aufgebaut. Es gibt mehrere Geschäftsbereiche innerhalb eines Gesamtunternehmens, und diese Geschäftsbereiche bilden die Geschäftsfelder in der Regel über mehrere Wertschöpfungsstufen ab. Wenn man sich ein bekanntes Unternehmen wie Siemens anschaut, dann sieht man verschiedene Geschäftsbereiche unterschiedlicher Wertschöpfungstiefe: Elektrifizierung, Automatisierung, Energieerzeugung und -übertragung, medizinische Diagnostik etc. Derartig heterogene Unternehmen sind oftmals in Matrixorganisationen aus Geschäftsbereichen, Produktbereichen oder Regionen organisiert, und es gibt typischerweise als Querschnittsfunktionen Bereiche wie IT, Forschung und Entwicklung und HR/Personal. Häufig finden sich solche Strukturen beispielsweise auch bei Pharma-Unternehmen, in denen es typischerweise eine Produktlinie gibt, die über mehrere Länder gezogen wird – verschiedene andere Funktionen bedienen dann querschnittlich diese Produktlinien.

Interessant sind die Linienbereiche, die primär über Ertrag und Wachstum – teilweise auch als Profit-Center – geführt werden. Querschnittsfunktionen wie IT-Bereiche werden häufig als Cost-Center geführt und primär nach Effizienz und Kosten ausgerichtet.

Das war bislang häufig die Ausgangslage. Jetzt ändern sich jedoch die Spielregeln: Unternehmen stehen nicht nur weiterhin im Wettbewerb mit anderen gleichartigen Unternehmen (beispielsweise Siemens mit ABB, Bombardier, Philips oder General Electric), sondern es gibt auch noch eigenständige Unternehmen innerhalb der jeweiligen Wertschöpfungsketten, die mit den etablierten Anbietern konkurrieren.

Exemplarisch dafür steht die Versicherungsbranche, bei der nicht nur Versicherer A gegen Versicherer B antritt, sondern neue Geschäftsmodelle wie Check24 den Markt erobern, was die Versicherer in einem spezifischen Wertschöpfungssegment fundamental angreift. Diese Veränderung des Wettbewerbs wird beschleunigt durch das Kundenverhalten und die Demografie, aber primär sind Digitalisierung, Technologie und KI die wesentlichen Treiber, durch die neue Wettbewerber entstehen und zu einer anderen Art von Konkurrenz führen.

5 Die ambidextrische Organisation entsteht und wird bleiben

Diese neuen Wettbewerber können aufgrund der Digitalisierung viel schneller Geschäftsmodelle entwickeln, implementieren sowie gleichzeitig ganz andere Kostenstrukturen realisieren. Sie sind deutlich freier und können aufgrund der Digitalisierung ihre Geschäftsmodelle auf einem ganz anderen Weg aufbauen.

Als Beleg für diese Entwicklung verweisen wir auf die Vielzahl von Start-ups, die versuchen, über diese Herangehensweise den Wettbewerb fundamental zu ändern. Es gibt so gut wie kein Start-up, das die gesamte Wertschöpfungskette einer etablierten Branche abbildet, sondern fast alle Start-ups suchen sich aus den Wertschöpfungsketten Nischen heraus, um dort den Wettbewerb komplett anders aufzuziehen.

Das führt dazu, dass konventionelle Unternehmen unter Zugzwang geraten und dass ein Trend aus den durch die vertikale Organisation geprägten Jahren – die IT aus den Geschäftsbereichen auszulagern – jetzt wieder ganz anders zu betrachten ist. Der IT kommt als Kernbestandteil der Geschäftsmodelle eine zentrale strategische Bedeutung zu. Heutzutage wird IT wieder zum Kernelement der Geschäftsbereiche. Sie ist eine Basistechnologie und damit auch zentral für die Zukunftsfähigkeit dieser Geschäftsbereiche.

Die interessante Frage ist, was das Unternehmen macht, wenn es den IT-Bereich in der Vergangenheit primär unter Kostenaspekten geführt und aus zentralen Geschäftsbereichen ausgelagert hat und jetzt plötzlich IT wieder als Kernfunktionalität mit den Geschäftsbereichen verknüpfen muss.

Wie soll das funktionieren, und was ist konkret zu tun? Das ist heute ein Kernproblem für die meisten Unternehmen. Wie geht man um mit einer in der Vergangenheit stark ausgelagerten und unter Kosten-Effizienz-Punkten gemanagten IT, wenn die heterogenen Geschäftsbereiche sich ganz unterschiedlich entwickeln und plötzlich ganz andersartige Anforderungen haben?

Unsere Kernthese zu dieser Herausforderung: Weil es zwischen den Anforderungen der Technik und denen der (anderen) Geschäftsbereiche häufig einen Konflikt gibt, entstehen immer mehr Organisationsformen als Sonderlösungen, um diese Problematik zu umgehen. Beispiele für diese Sonderformen sind DigiLabs, branchenweise Inkubatoren, Vorstandsprojekte oder »U-Boot-Projekte«, von denen nur ganz wenige Leute etwas wissen oder die im Stab eines Vorstandsressorts relativ autonom durchgeführt werden. Im Ergebnis werden ebenso umfangreiche IT-Lösungen mit einer Vielzahl von Sonder-IT-Formen hinzugekauft, um die Konflikte der bestehenden Organisationsstruktur zu umgehen und Lösungen zu schaffen.

Hier wird dann die Anzahl der Organisationsformen zum Problem und Gradmesser organisatorischer Ineffizienz. Wenn man zählen würde, wie viele Sonderlösungen es gibt, dann könnte man damit sehr gut messen, in welchem Umfang die bestehenden Organisationen in der Lage sind, die Anforderungen der Digitalisierung in regulären organisatorischen Strukturen abzubilden.

Wenn diese Sonderlösungen nicht Ergebnis eines gezielten Prozesses sind, in dem der Vorstand exakt vorgibt, wie er sich die Umsetzung der Projekte konkret vorstellt, sondern die IT einzelnen Geschäftsbereichen die Unterstützung entzieht, weil die Ressourcen über mehrere Jahre ausgebucht sind, dann kommen plötzlich die Heerscharen von Externen und externen IT-Dienstleistern ins Spiel. Diese versprechen schnelle und vermeintlich effiziente Lösungen außerhalb der bestehenden Zwänge des Unternehmens. Das ist die Situation, in der die anarchisch anmutende Organisation als empirische Beschreibung einer Vielzahl von Organisationsmodellen entsteht. Es entwickeln sich dann unterschiedliche Lösungen in verschiedenen Geschäftsbereichen vor dem Hintergrund des Zwangs, *irgendetwas* zu machen, was einer bestehenden Linienorganisation, einer konventionellen Organisation oder einer Matrixorganisation überhaupt nicht entspricht.

5.1 Die ambidextrische Organisation wird Bestand haben

Unsere Einschätzung ist, dass die Voraussetzungen für die ambidextrische Organisation entstanden sind und aktuell weiter entstehen, aber auch grundsätzlich bleiben, solange die Treiber der Veränderung, also zum Beispiel Technologien wie Digitalisierung und KI, noch wirken. Solange der Wettbewerb noch neue Konkurrenten hervorbringt, die unterschiedliche Stufen der Wertschöpfungskette angreifen, solange die Digitalisierung und die KI ihre Wirkung behalten, werden wir die Notwendigkeit für die ambidextrische Organisation ebenso sehen wie die Sonderlösungen. Die ambidextrische Organisation wird zum neuen Organisationsparadigma.

5 Die ambidextrische Organisation entsteht und wird bleiben

Was man aus herkömmlicher Sicht nur als Problem einschätzen kann, wird ohne auf Neuordnung wirkende Veränderung zum Dauerzustand der Organisation eines Unternehmens. Wenn man betrachtet, welche Indikatoren es noch gibt, sehen wir parallel zum Entstehen der ambidextrischen Organisation Verhaltensmuster bei Mitarbeitern, die als Symptome bei hierarchisch organisierten Unternehmen so nicht auftreten.

5.2 Verhaltensmuster ändern sich

Die anarchisch anmutenden Veränderungen haben auch Auswirkungen auf das persönliche Verhalten der Mitarbeiter sowie auf das der Führungskräfte. Verhaltensmuster wie das individuelle Auftreten und die Durchsetzungsfähigkeit nehmen an Bedeutung zu, weil die formalen Zuständigkeiten nicht mehr so klar wie früher sind. Es ist kein Mitarbeiter mehr richtig verantwortlich und deswegen entsteht die interessante Situation, dass nicht mehr die Hierarchie und die formale Zuständigkeit für die Entscheidungen ausschlaggebend sind, sondern die persönliche Durchsetzungsfähigkeit und das persönliche Auftreten. Das ist gerade ein großer fundamentaler Widerspruch zur klassischen Organisationslehre.

In dem Kontext entsteht auch ein zweites atypisches Verhaltensmuster in der Form, dass sich das Führungsverhalten von Top-Managern verändert. Die sind es in der klassischen Hierarchie gewohnt, auf ihre nächste Führungsebene zuzugehen, dort im Dialog in die Organisation hineinzuwirken, damit auch auf der darunterliegenden Ebene etwas passiert. In der anarchisch anmutenden Organisation funktioniert das jedoch nicht, weil die Hierarchie nicht mehr existiert. Top-Manager gehen dann direkt ins operative Geschäft hinein und sagen, wie Lösungen aussehen müssen und was entschieden werden soll. Diese Entscheidungen treffen sie nicht aufgrund von klassischer Zuständigkeit, weil es die gar nicht mehr gibt, sondern weil sie über ihr Auftreten einen Beschluss herbeiführen wollen.

Ein weiteres Muster wird erkennbar: Für die leistungsunwilligen Mitarbeiter ist der Zustand der anarchisch anmutenden Organisation ein Eldorado. Es gibt vermeintlich immer etwas zu tun, der Mitarbeiter kann sich mit allen möglichen Aufgaben – seiner multiplen Organisationsrealität entsprechend – beschäftigen. Jeder kann Termine

5.2 Verhaltensmuster ändern sich

selbst machen und nach außen extrem viel arbeiten, ohne dass er tatsächlich etwas umsetzt, da er in allen möglichen Bereichen scheinbar viel zu tun hat. Für dieses Verhalten hat sich ein Begriff etabliert: der NATO-Mitarbeiter, für No Action – Talks Only.

Für sie gibt es zwei Untergruppen. Die einen tun nichts und finden immer Ausreden, warum sie nichts machen müssen. Die anderen sind ebenfalls leistungsunwillig, wollen aber noch den Stempel der Aktivität aufrechterhalten. Sie finden Dinge, mit denen sie sich beschäftigen, bewirken aber de facto gar nichts.

Für den leistungswilligen Mitarbeiter entsteht dann die dominierende Management-Karrierestrategie. Er hat vielleicht noch einen formalen Vorgesetzten, der aber gar nicht mehr beurteilen kann, was er arbeitet. Er kann sich in unterschiedliche organisatorische Richtungen und Ressorts entwickeln, wenn er dort in deren Organisations- oder Projektstrukturen eingebunden ist. Für ihn gibt es viele Möglichkeiten, die eigenen Interessen zu verfolgen, auch um im Netzwerk neue Verbündete im Unternehmen, aber auch extern, zu suchen und zu finden. Damit entwickelt er seine eigene Ich-AG-Strategie, weil er auf klassische hierarchische Strukturen und konventionelle Vorgesetzte immer weniger Rücksicht nehmen muss. Dieser Mitarbeiter hat ein breites Netzwerk, denn er hat häufig nicht nur einen, sondern beispielsweise drei Chefs und kann sich nahezu frei in seinem Netzwerk bewegen und positionieren.

Zusammengefasst: !

In Unternehmen entsteht eine anarchisch anmutende Organisation als Antwort auf die Anforderungen, im Zeitalter von Digitalisierung und KI schnell für zahlreiche Wertschöpfungsstufen innovationsfähig zu werden. Für diese Anforderung sind die meisten Unternehmen aufgrund der Art und Weise, wie die IT in der Vergangenheit aufgestellt war, schlecht vorbereitet. Eine nach Kostengesichtspunkten und als Querschnittsfunktion geführte IT kann nicht über Nacht zu einem Kerninstrument der Innovation im Geschäftsmodell werden. Darüber hinaus behindern Meta-Strukturen wie Compliance, Datenschutz und Security schnelle Lösungen. Im Ergebnis entstehen je Ressort und Geschäftsbereich als Selbsthilfe autonome Sonderlösungen und in der Summe die Notwendigkeit der ambidextrischen Organisation. Wenn eine ambidextrische Organisation für ein Unternehmen bedeutsam ist, bleibt diese Relevanz bestehen, solange die externen Treiber wirksam sind. Das heißt für Digitalisierung und KI: auf nicht absehbare Zeit. Daher stellt sich die Frage nach dem persönlichen Verhalten der Führungskraft und nach dem Verhalten des Unternehmens insgesamt im Zeitalter der ambidextrischen Organisation.

5 Die ambidextrische Organisation entsteht und wird bleiben

Praxistipps:

Die klassische Reorganisation von einer vertikalen Organisationsgestaltung in eine andere hat ausgedient. Stattdessen benötigen die Unternehmen agile Organisationsformen, die auf die besonderen Herausforderungen je Geschäftsbereich und Wertschöpfungsstufe zugeschnitten sind. Im Zeitalter von Digitalisierung und KI muss die IT in den Kerngeschäftsbereichen angesiedelt werden. Die Kostenvorgabe für IT hat ausgedient. Es geht darum, agile Vorgehensmodelle zu lernen und zu etablieren. Kurzfristige Lieferfähigkeit muss höhere Priorität erhalten als der Umfang der ausgelieferten Funktionalität. Die Fähigkeit bzw. Rolle, zwischen den Anforderungen des Geschäfts und denen der IT zu übersetzen, ist in dem Gesamtkonstrukt die schwierigste und daher am seltensten anzutreffen. Sie sollte möglichst mit internen Mitarbeitern besetzt werden. Geschlossene Projektstrukturen müssen geöffnet werden hin zu Nutzern und Lieferanten. Je eher die Unternehmen damit beginnen, die neuen Organisationsformen zu lernen, desto besser.

6 Ambidextrie als Herausforderung für Unternehmen und Mitarbeiter

In den vorangehenden Kapiteln haben wir unterschiedliche Organisationsformen für Unternehmen vorgestellt. Diese Formen sind sehr unterschiedlich in ihren Ausprägungen, und daher liegt es nahe, zu fragen, welche Fähigkeiten Mitarbeiter und Führungskräfte benötigen, um in diesen verschiedenen Organisationsformen erfolgreich tätig zu sein. Bei der Beschreibung dieser Fähigkeiten kommen unsere Schlüsselbegriffe Monodextrie[4], Ambidextrie sowie Multidextrie[5] zum Tragen. Wie arbeitet man erfolgreich mit diesen verschiedenen Ansätzen? Diese Kernfrage ist nicht stereotyp mit nur einer Lösung zu beantworten, denn Unternehmen haben ganz unterschiedliche Ziele und können sich nach internen und externen Kriterien ganz unterschiedlich ausrichten. Einige wollen wachsen, andere wiederum wollen eine bestimmte Marktposition erreichen, bestimmte Kundenpotenziale erschließen oder sind von der Börse getrieben und haben dadurch gewisse Kosten- und Ertragsziele. Um jeweils ihre Ziele zu erreichen, nutzen Unternehmen die verschiedenen Organisationsformen, bauen sie um oder ergänzen sie, andere Strukturen werden neu geschaffen, oder es werden zum Beispiel durch Kooperationen unternehmensübergreifende Formen eingegangen. Unternehmen sehen sich einer Vielzahl von Optionen gegenüber, die genutzt werden können, um die Unternehmensziele zu erreichen. Um erfolgreich in diesen Organisationsformen zu sein, braucht es ganz unterschiedliche Fähigkeiten.

6.1 Fähigkeiten in der Linienorganisation

Wenn man sich eine reine Linienorganisation in Form einer ganz konventionellen Aufbauorganisation mit verschiedenen Funktionsbereichen anschaut, so sind dort 1:1-Beziehungen dominierend, beispielsweise zwischen Vertrieb und Produktentwicklung oder Produktion und IT. Diese Unternehmensstrukturen sind vergleichsweise einfach zu managen, und es ist auch recht einfach, in diesen Organisationsstrukturen erfolgreich zu sein, weil man in der Regel nur bilaterale Abstimmungen hat. Wenn man neue Produkte auf den Markt bringen möchte, muss das stark mit

---

4 Monodextrie ist die Fähigkeit, *ein* Organisationsmodell erfolgreich und effizient zu managen.
5 Man spricht erweiternd von Multidextrie, wenn eine Organisation eine Vielzahl von Geschäftsmodellen parallel erfolgreich betreiben kann.

der Produktionsabteilung verzahnt werden, die die Produkte entwickeln soll, oder wenn man konkrete Wachstumsziele hat, dann ist dies primär ein Thema zwischen Vertrieb und Produktion.

6.2 Fähigkeiten in Matrixorganisationen

Wenn das Unternehmen versucht, seine Ziele in Matrixorganisationen umzusetzen, dann wird alles schon etwas komplexer. Es entstehen Querschnittsbereiche mit mehreren Stakeholdern. Der IT-Bereich muss beispielsweise gleich mehrere interne Bereiche oder auch Kunden bedienen. Typischerweise müssen in der IT jedoch zugleich einheitliche Lösungen und Standards implementiert werden, weil das Kernversprechen der Querschnittsfunktion darin besteht, dass ein übergreifender Bereich effizienter arbeitet als die Summe einzeln organisierter Einheiten. Daher muss ein IT-Bereich neben den zu seiner eigentlichen Aufgabenerfüllung nötigen Fähigkeiten auch noch ganz andere Qualifikationen entwickeln und erfolgreich umsetzen. So wird er beispielsweise nicht nur eine IT-Strategie entwickeln, sondern er muss ein komplexes Stakeholder-Management organisieren. Das betrifft unter anderem die Abstimmung, welche Bereiche mit welchen Ressourcen bedacht werden sollen, aber auch Plattformentwicklungen oder einen gemeinsamen IT-Support, damit überall einzelne Funktionsbereiche problemlos arbeiten können. Das Stakeholder-Management muss mit den Zielkonflikten umgehen und Lösungen finden können. So ist beispielsweise die eine Abteilung fest davon überzeugt, dass nur eine selbst entwickelte Software ihren speziellen Anforderungen gerecht wird, während das Management solchen Eigenentwicklungen strikt ablehnend gegenübersteht. Überhaupt darf Software nur von strategischen Partnern bezogen werden!

In Matrixorganisationen entstehen neben den eigentlichen funktionalen Kernthemen zusätzliche Herausforderungen, die aus der Organisationsstruktur resultieren. Dementsprechend ist ein ganz anderes Fähigkeiten-Set mit qualitativ höheren Qualifikationen notwendig als in einer Linienorganisation.

6.3 Fähigkeiten in der ambidextrischen Organisation

In der ambidextrischen Organisationswelt ist die Situation noch viel komplexer als in Matrixorganisationen. Hier gibt es nicht nur Anforderungen bezüglich Technik oder

Shared Services, sondern auch ganz andere Ansprüche an die Verfügbarkeit von Technologie und Ressourcen. In der klassischen Organisation ist es häufig so, dass in der IT über Monate und Jahre Ressourcen gebunden sind. Das steht natürlich in komplettem Widerspruch zu den flexiblen Arbeitsmethoden, die in DigiLabs einzusetzen sind. Insofern tritt ein inhärenter Konflikt zwischen den unterschiedlichen Bereichen zutage. Die organisatorische Auflösung dieser Konflikte besteht in der Realität dann darin, dass zusätzliche Anforderungen an die Mitarbeiter aus dem IT-Bereich, aber auch an Mitarbeiter aus anderen Bereichen gestellt werden. So soll die IT etablierte Legacy-Systeme pflegen, aber gleichzeitig den Aufbau neuer Technologien wie KI- oder Cloud-Lösungen ermöglichen.

Wenn man außerdem bestehende Unternehmen mit Start-ups vergleicht, dann haben die Start-ups ganz andere Anforderungen an die Rechtsberatung, Security oder Datensicherheit. Es ist erkennbar, dass in einer ambidextrischen Organisation die Komplexität und die Herausforderungen deutlich höher sind und die Anforderungen an die Fähigkeiten, um in so einer Welt arbeiten zu können, nochmal dramatisch ansteigen. Wenn man neben den bestehenden herkömmlichen Strukturen neue Formen wie DigiLabs angeht, muss man komplett andere Fähigkeiten haben und über eine ausgeprägte Flexibilität verfügen, um in derartigen Konstrukten erfolgreich zu sein. Aber welche Fähigkeiten sind besonders gefragt?

6.4 Dextrie im Managementkontext

Die Fähigkeit, die Anforderungen innerhalb eines Organisationsmodells zu erfüllen, nennen wir Dextrie (von lat. *dexter* = rechts, also wenn Rechtshänder etwas mit der rechten Hand tun). Dextrie ist in diesem Kontext die Fähigkeit, etwas zu managen.

Monodextrie ist die Fähigkeit, *ein* Organisationsmodell erfolgreich und effizient zu managen. Mit Ambidextrie wird die Fähigkeit beschrieben, *zwei* Organisationsmodelle parallel managen zu können. Das können beispielsweise Linien- und Projektorganisation sein oder auch eine Matrixorganisation, in der die Führungskraft zwei Welten beherrschen muss. Auch hier geht es um die parallele Organisation von Innovation und Ausschöpfung des bestehenden Geschäftsmodells, wobei es durchaus verschiedene Interpretationsmöglichkeiten und Formen der Ambidextrie gibt.

Wenn in einem Unternehmen eine Vielzahl unterschiedlicher Organisationsformen anzutreffen ist, dann steigt die organisatorische Komplexität nicht linear, sondern exponentiell an und beinhaltet somit eine Steigerung der Komplexität und Zunahme der Fähigkeiten, die erforderlich sind, diese Vielschichtigkeit zu managen. Aber es gibt noch eine Zusatzanforderung, denn in einer ambidextrischen Organisation gibt es nicht nur die Dextrie in der Form, mehrere Organisationsmodelle managen zu können, sondern die Organisation als Ganzes muss auch zusammengehalten werden. Das Management des Ganzen kommt als zusätzliche Anforderung hinzu; das Management muss einen Zusatznutzen bringen, der größer ist als der Nutzen ungesteuerter Einzelentwicklungen. Durch das Wachsen der Komplexität von Organisationen und das Entstehen der neuen Organisationsrealität als ambidextrische Organisation entsteht ein Wandel von Monodextrie zu Ambidextrie.

6.5 Fähigkeiten in der ambidextrischen Unternehmensrealität

Um welche Fähigkeiten der Organisation geht es überhaupt in dieser komplexen Welt? Was wird in einer ambidextrischen Unternehmensorganisation gefordert? Ein gutes Beispiel zur Erläuterung ist Apple, denn das Unternehmen besitzt zwei zentrale organisatorische Fähigkeiten. Erstens die Fähigkeit zu disruptiven Innovationen – also wirklichen Neuigkeiten am Markt, die es bislang nicht gab. Dabei ist diese organisatorische Fähigkeit deswegen besonders, weil es keine Rolle spielt, ob es sich um physische oder virtuelle Realität handelt. Apple hat die physische Welt durch die Einführung des iPads, des iPhones und der Apple Watch ebenso revolutioniert wie die virtuelle Welt mit iTunes oder Apple Music.

Darüber hinaus besitzt Apple die organisatorische Fähigkeit, die Ertragsquellen der Wertschöpfungsketten zu beherrschen und für sich zu nutzen. Damit meinen wir beispielsweise, die Profitabilität aus dem iPhone-Ökosystem herauszuholen. Nicht nur das Produkt selbst ist nämlich gewinnbringend, sondern Apple erzielt auch eine attraktive Marge mit einer Vielzahl von Services und Apps rund um das iPhone, die Apple zusätzlich kontrolliert und aus denen es daher unangefochten seine Profitabilität zieht.

Diese beiden überragenden organisatorischen Fähigkeiten bedeuten jedoch nicht zwangsläufig, dass jeder einzelne Mitarbeiter von Apple um Längen besser ist als

6.5 Fähigkeiten in der ambidextrischen Unternehmensrealität

der Mitarbeiter bei einem anderen Smartphone-Hersteller oder dass der Mitarbeiter von Apple innovativer und fleißiger ist als die Kollegen bei einem Wettbewerber. Die Apple-Organisation schafft es jedoch im Sinn des übergeordneten Unternehmens, die individuellen Fähigkeiten zu einem erfolgreichen Ganzen zu führen. Das Zusammenwirken macht den Unterschied, nicht der Einzelne. Apple ist daher ein sehr gutes Beispiel für organisatorische Ambidextrie.

Im Gegensatz dazu kann man bei Unternehmen, denen die Fähigkeit der Ambidextrie abgeht, zum Beispiel folgende fünf Merkmale in Bezug auf Innovationen beobachten.

1. Diese Unternehmen kontrollieren keine wirklichen Innovationen, sondern sie verfolgen fast immer eine sogenannte Follower-Strategie als Geschäftsprinzip. Die Unternehmen gehen kein Risiko ein und entwickeln nichts selbst; sie kopieren nur, was sich erfolgreich am Markt durchgesetzt hat.
2. Die Follower-Unternehmen sind auch nicht Nummer 2 oder Nummer 3 im Markt, sondern liegen weiter hinten. Nummer 2 und Nummer 3 sind typischerweise keine Follower des Leaders, sondern sie verfolgen eigene Strategien zur Marktführerschaft. Follower liegen daher typischerweise im Mittelfeld des Marktes und bedienen daher auch grundsätzlich nicht die Marktsegmente mit der besten Marge.
3. Die Produkte, die diese Follower-Unternehmen auf den Markt bringen, erreichen nie das Niveau des Innovators. Vielmehr handelt es sich überwiegend um nur partiell kopierte Produkte oder Dienstleistungen, jedoch fast nie um etwas Führendes oder qualitativ Hochwertiges.
4. Schaut man sich von innen an, wie das Follower-Unternehmen versucht, die führenden Produkte und Innovationen nachzubauen, so sind die Bemühungen in der Regel mit großen Anstrengungen verbunden. Die Unternehmen versuchen, es irgendwie zu meistern, haben aber oftmals nicht die internen Fähigkeiten und kaufen diese dann von außen zu. Häufig zahlen die Follower für Kooperationen oder externe Berater, die der Weiterentwicklung der Organisation nichts bringen.
5. Der Einkauf dieser Fähigkeiten erfolgt, weil man unter hohem Druck am Markt steht, etwas bringen zu müssen. Dabei hinkt man dauerhaft hinter den Marktführern und Standards her und ist folglich auf der Wirtschaftlichkeitsseite nicht in der Lage, gute Entscheidungen zu treffen. Daher rechnen sich diese Projekte oft nicht, ganz zu schweigen von der fehlenden Fähigkeit, den Großteil der Marge aus der Wertschöpfung in die eigene Erfolgsrechnung zu lenken.

6 Ambidextrie als Herausforderung für Unternehmen und Mitarbeiter

In der Praxis ist eine gelungene Fast-Follower-Strategie daher in der Breite nicht zu beobachten. Viele Unternehmen behaupten zwar, Follower zu sein, haben aber gar nicht die Fähigkeiten dazu. Viele sind gezwungen, *irgendwas* zu machen, kaufen Ressourcen ein und enden in Muss-Projekten, weil sie viel zu lange brauchen, um Innovationen dann in eine innerbetriebliche Aktivität umzusetzen.

Ein Beispiel für einen Wettbewerb mit praktisch nur Followern der genannten Art ist der Markt von Amazon, in dem keine Follower-Strategie im Online-Shopping zu gelingen scheint. Amazon ist der Leader und setzt die Maßstäbe für das Kundenerlebnis. Der Kunde erwartet beispielsweise One-Click-Shopping, die Integration von Produkten unterschiedlicher Anbieter in einen Warenkorb oder Prime Service.

Als echter Fast Follower würde ein Unternehmen Amazon bei der Entwicklung den Vortritt lassen, um das Ergebnis schnell zu übernehmen. De facto ist es aber so, dass nur die wenigsten Unternehmen die bei Amazon etablierten Elemente in ihrem Online-Shop realisieren. Firmen stellen fest, dass es schwieriger ist, als man denkt, die Technik von Amazon zu kopieren, und lassen dann wichtige Elemente weg – beispielsweise die lückenlose Integration unterschiedlicher Anbieter auf dem Marktplatz. Was übrig bleibt, ist häufig nur ein Warenkorb-System, in dem man mit Kreditkarte bezahlen kann. Man wird aber kein Fast Follower, indem man nur ein paar Dinge herausgreift, die man zufälligerweise umsetzen kann oder eben auch nicht. Eine echte Fast-Follower-Strategie bedeutet, dass man alles, was Amazon macht, zeitnah umsetzt. Die ganzen Entwicklungskosten, die Amazon hat, entfallen und das Follower-Unternehmen ist zwar nicht innovativ, aber das stört es nicht. Diesen Fall gibt es in der Realität jedoch kaum. Der Begriff Fast Follower erscheint daher häufig nur als Alibi derer, die die geforderten Innovationsfähigkeiten nicht besitzen.

6.6 Ambidextrie als Fähigkeiten des Einzelnen

Das Konzept von Monodextrie, Ambidextrie und Multidextrie lässt sich auf Organisationen und auch auf die Fähigkeiten jedes Mitarbeiters anwenden. Wer monodextrisch arbeitet, muss nur *eine* Sache gut machen, beispielsweise in der Linienorganisation seinen Job erledigen oder Projektleiter im Rahmen eines Unternehmens sein. Das entspricht durchaus dem gängigen Karrieremuster, das viele Unternehmen anbieten. Entweder wird eine Fachkarriere für Spezialisten angeboten, die keine Führungsverantwortung besitzen, oder es ist eine Führungskarriere erwünscht, bei der Mitarbeiter vom Sach- über Gruppen- bis zum Bereichsleiter – immer mit entsprechender Führungsverantwortung – erfolgreich aufsteigen. Zudem gibt es die Projektwelt, in der sich Mitarbeiter zum Projektleiter qualifizieren und sich danach zum Großprojektleiter, später zum Programmleiter hocharbeiten – eine typische monodextrische Karriere im Bereich der Linie, die bei Unternehmen sehr etabliert ist.

Ambidextrische Mitarbeiter besitzen beispielsweise die Fähigkeit, parallel erfolgreich Linienaufgaben und Projekte zu managen, oder setzen parallel die inkrementelle Weiterentwicklung von Organisationen und innovative Themen um. Das umfasst nicht nur die Fähigkeit, die einzelnen Themenbereiche technisch zu beherrschen, sondern auch die Fähigkeit, sich selber zu managen. Häufig sind die technischen Anforderungen in beiden Bereichen bereits sehr hoch, und darüber hinaus muss der Mitarbeiter mit unterschiedlichen Stakeholdern ganz verschieden umgehen. Die Führungskräfte, die in diesen zwei Welten unterwegs sind, müssen ihre bestehenden beiden Dimensionen weiterhin so praktizieren, als wären sie zu 100 Prozent in der jeweiligen monodextrischen Welt. Dabei bestehen enorme Herausforderungen für den Einzelnen: Er muss beiden Bereichen gerecht werden und die Fähigkeit besitzen, ein guter Vorgesetzter oder Projektmanager zu sein.

6.7 In der Unternehmensrealität gibt es unter den Mitarbeitern unterschiedliche Archetypen

Beim monodextrischen Mitarbeiter kann es sich um einen typischen Liniensachbearbeiter oder um eine Führungskraft handeln. Aber auch sogenannte Firefighter, also Feuerwehrmänner, die Krisenmanager sind und Probleme schnell lösen können, fallen in diese Rubrik. Feuerwehrmänner wären in Routinetätigkeiten und im Tagesgeschäft nur selten erfolgreich.

Wir haben in der ambidextrischen Welt sehr oft Führungskräfte, die zwei völlig verschiedene Aufgaben umsetzen. Das ist bei fast jeder Führungskraft der Fall, wenn sie ambitioniert ist und neben der Führungsfunktion in der Linie auch entsprechende Projektaufgaben zur Weiterentwicklung des Unternehmens übernehmen muss. Bei ambidextrischen Führungskräften verhält sich das Handeln parallel zur Organisation: Sie müssen verschiedene Organisationsmodelle und Projekte beherrschen. Das gilt gleichermaßen für eine Linie wie für ein agiles DigiLab. Zusätzlich müssen

6 Ambidextrie als Herausforderung für Unternehmen und Mitarbeiter

Top-Führungskräfte die Fähigkeit besitzen, den Überblick über das Gesamte zu behalten, um dann auch einen Mehrwert zu schaffen – möglichst inspirierend-motivierend im Sinn eines Gesamtnutzens analog zur ambidextrischen Organisation. Wie bei Apple muss die ambidextrische Top-Führungskraft einen Zusatznutzen liefern und nicht nur alle Organisationsmodelle beherrschen.

Damit stellt sich die Frage nach dem Fähigkeiten-Mix in der neuen Organisationsrealität. Fokussiert man auf den einzelnen Mitarbeiter, geht es nicht darum, nur ambidextrische Mitarbeiter zu beschäftigen, sondern es existiert genauso die Notwendigkeit, einzelne Linienfunktionen oder Projekte sehr gut und effizient zu managen. Dafür benötigt man auch den monodextrischen Mitarbeiter. Der Mix wird für den Erfolg entscheidend sein, der Mix aus Mono- und Ambidextrie. Im Extrem ist es genauso wenig hilfreich, *nur* monodextrische oder *nur* ambidextrische Mitarbeiter zu haben.

!
Zusammengefasst:

Mono- und Ambidextrie bezeichnen die Breite von Fähigkeiten: Bei der Monodextrie geht es, vereinfacht gesagt, um das Beherrschen einer Sache, bei Ambidextrie um das Beherrschen zweier, sich eigentlich widersprechender Dinge (bei der Multidextrie gar um mehrere). Diese Begriffe lassen sich auf die Fähigkeiten von Individuen, aber auch auf die Fähigkeiten ganzer Organisationen anwenden. Organisatorische Fähigkeiten sind dabei etwas grundsätzlich anderes als die Qualifikationen einzelner Mitarbeiter. In der vertikal organisierten Unternehmenswelt genügen monodextrische Fähigkeiten für den Erfolg, in der neuen komplexen Organisationsrealität geht es um eine viel schwieriger darzustellende Herausforderung: den richtigen Mix aus mono- und ambidextrischen organisatorischen und individuellen Fähigkeiten.

Praxistipps:

Sehr wahrscheinlich gibt es in Ihrem Unternehmen noch nicht den richtigen Mix an Fähigkeiten für die neue Organisationsrealität. Das eröffnet Chancen für die bestehenden Mitarbeiter unabhängig von der Hierarchiestufe. Wenn Sie die Chancen nutzen wollen: Machen Sie eine ehrliche Bestandsaufnahme Ihrer Position auf der Fähigkeiten-Skala von Monodextrie und Ambidextrie. Falls Sie Verbesserungspotenziale erkennen, gehen Sie diese umgehend an, denn die neue Organisationsrealität wartet nicht auf Sie. Positionieren Sie sich innerhalb des Unternehmens bewusst mit ihren mono- und ambidextrischen Fähigkeiten. Falls sich für Sie die von Ihnen gewünschten Chancen nicht bieten, denken Sie über eine Veränderung nach.

Teil B: Welche Auswirkungen die neue Organisationsrealität auf zentrale Unternehmensfunktionen hat

7 Der Kernbeitrag von HR zum Unternehmen läuft Gefahr, komplett an Wirkung zu verlieren

In den letzten Kapiteln haben wir aufgezeigt, dass die Mitarbeiter eine zentrale Rolle in der zunehmend komplexen Organisationsrealität einnehmen. Ob die Mitarbeiter oder die in der Bilanz aufgeführten Aktiva die entscheidenden Faktoren für den Unternehmenserfolg sind, darüber kann man in der Landwirtschaft oder in einem produzierenden Unternehmen vielleicht geteilter Meinung sein. In Bereichen wie Dienstleistungen, Einzelhandel oder Handwerk stellt sich diese Frage gar nicht.

Fragt man Top-Manager, was das Wichtigste sei, damit ihr Unternehmen Erfolg habe, kommt überwiegend die Antwort, dass es die Menschen seien und nicht Computer oder Maschinen. Dies unterstreicht die These, dass die Mitarbeiter die zentralen Aktiva einer Firma darstellen. Wenn es so ist, dass der Faktor »Mensch« eine dermaßen zentrale Bedeutung in vielen Unternehmen besitzt, dann stellt sich mit besonderer Dringlichkeit die Frage, welche Auswirkungen die neue Organisationsrealität auf diesen zentralen Unternehmensfaktor hat.

Die HR-Abteilung hat in Unternehmen häufig die Aufgabe, mit Initiativen, Programmen und Unterstützungsfunktionen einen wesentlichen Beitrag dazu zu leisten, den Faktor »Mensch« für das Unternehmen optimal einzusetzen. Dabei reduziert der Begriff HR (= Human Resources) die Bedeutung der Mitarbeiter fälschlicherweise nur auf einen Produktionsfaktor und wird damit der tatsächlichen Bedeutung des Faktors »Mensch« für das Unternehmen nicht gerecht.

Wenn wir in diesem Kapitel davon sprechen, dass der Kernbeitrag von HR zum Unternehmen Gefahr läuft, komplett an Wirkung zu verlieren, stellt sich zuerst einmal die Frage, was die Beiträge des Personalbereichs und des Personalwesens sind. Wir diskutieren vier Elemente, die nach unserer Erfahrung in den meisten Unternehmen zu den Schlüsselaufgaben von HR gehören: Personalentwicklung, Personalbetreuung sowie Diagnostik und Steuerung durch Incentive-Systeme.

7.1 Personalentwicklung

Was zeichnet die Personalentwicklung eigentlich genau aus? Die grundlegende Aufgabe der Personalentwicklung besteht darin, die Ziele des Unternehmens mit den Kapazitäten und Fähigkeiten der Mitarbeiter abzugleichen und zusammenzubringen sowie Maßnahmenprogramme zu entwickeln, um Lücken zu schließen. Sie stellt damit ein Kernelement der Unternehmensentwicklung dar, um die Fähigkeiten der Organisation im Hinblick auf Unternehmensziele auszurichten und eventuell bestehende Defizite auszugleichen.

Die daraus abgeleiteten Maßnahmen werden überwiegend über interne Prozesse umgesetzt, teilweise aber auch extern zugekauft. Diese Maßnahmen müssen dabei in aller Regel die interne Glaubwürdigkeit mit dem zumeist extern orientierten »Out of the box«-Denken verbinden.[6] Üblicherweise orientieren sich diese Maßnahmen dabei mehr an top-down festgestellten Defiziten der Organisation als an den bottom-up angemeldeten Bedürfnissen der Mitarbeiter.

Der zentrale Kreislaufprozess der Personalentwicklung beginnt mit Mitarbeiter-Feedbackgesprächen. Anhand dieser werden persönliche Ziele gesetzt (Was soll der Mitarbeiter in den nächsten Monaten verbessern?) und Entwicklungsmaßnahmen definiert. Daraus leiten sich Schulungen oder sonstige Maßnahmen ab, und nach typischerweise einem Jahr betrachtet man dann die Ergebnisse, um nachzufassen und bei Bedarf nachzujustieren.

Verbreitet ist in diesem Zusammenhang, dass die Entwicklungsmaßnahmen einen Jahresbezug haben, der mit formalen Feedbackschleifen gekoppelt ist, die im Laufe des Jahres von den Führungskräften ausgeführt werden müssen. In diesem Rahmen werden auch Maßnahmen mit Karrierebezug bzw. Pflicht-Trainings vor dem Ersteigen von weiteren Karrierestufen festgelegt.

Wenn man dieses Grundsystem der Personalentwicklung vor dem Hintergrund der neuen Organisationsrealität reflektiert, dann gibt es verschiedene Probleme.

---

6 »Out of the box«-Denken bezeichnet eine unkonventionelle und kreative Denkweise oder ein Ausbrechen aus herkömmlichen Denkmustern.

7.1 Personalentwicklung

Zum einen ist es so, dass das Prinzip der Personalentwicklung aus der Vorgesetztenrolle der hierarchischen Organisation nicht mehr greift: Dort hat der Vorgesetzte seinen Mitarbeiter quasi jeden Tag gesehen, und das Verhältnis war recht eng. Jetzt arbeitet der Mitarbeiter aber in anderen Netzwerken und Themen oder ist in Projekte involviert, in denen er nicht mehr in der täglichen Beobachtung steht. Dadurch kennt die Führungskraft den Mitarbeiter kaum noch aus eigener Anschauung, sondern nur mehr vom Hörensagen. Der Vorgesetzte weiß gar nicht mehr, was die relevanten Themen sind, die den Mitarbeiter beschäftigen, sondern hat diese eventuell nur am Rand mitbekommen – dementsprechend schwierig sind auch die Feedbackgespräche zu führen.

Eine typische herkömmliche Maßnahme einer Führungskraft, das »Coaching on the Job«, kann es in ambidextrischen Strukturen gar nicht mehr sinnvoll geben, da der Mitarbeiter nur noch sporadisch im direkten Kontakt mit dem disziplinarischen Vorgesetzten steht. Zudem kann die Festlegung des individuellen Entwicklungsbedarfs durch den Vorgesetzten daran scheitern, dass dieser die Anforderungen aus den Aufgaben außerhalb seiner Linientätigkeit gar nicht kennt oder einschätzen kann.

Auch das Nachhalten der Maßnahmen ist als Folge schwierig, da sich der Vorgesetzte möglicherweise schwertut, Anforderungen und operative Leistungen zu beurteilen. Zudem ist die Jahres- und Hierarchiebezogenheit wenig tauglich, weil der Mitarbeiter eventuell Bedarf an einem Scrum Master[7] hat, aber dieser Wunsch in der Hierarchie gar nicht angemessen ist. Dabei sind die Rollen in den bestimmenden horizontalen Netzwerken unabhängig von Hierarchien. So kann es sein, dass der Mitarbeiter Anforderungen hat, die gar nicht für seinen Bereich vorgesehen sind, die er aber in den operativen Tätigkeiten eines horizontalen Netzwerkes gebrauchen könnte.

Die neue Organisationsrealität mit den parallel bestehenden verschiedenen Rollen und Organisationsformen führt dazu, dass die Personalentwicklung als Kernelement der Personalarbeit ausgehöhlt wird, wenn dieser Kreislauf nicht mehr durchgängig so gelebt werden oder seine Wirkung entsprechend entfalten kann.

---

7 Scrum Master ist eine Rolle in agilen Projektmethoden. Der Scrum Master managt den Prozess, beseitigt Hindernisse, sorgt dafür, dass Regeln eingehalten werden etc.

Ein weiterer Aspekt, den wir im Zusammenhang mit unserer Kernthese diskutieren möchten, liegt darin, dass HR die Abteilung darstellt, die übergeordnet Entwicklungsmaßnahmen als Unternehmensleistungen definiert, bündelt und auch extern einkauft. In der neuen Organisationsrealität fällt es der HR-Abteilung zunehmend schwer, genau das zu tun, weil dieser Anspruch eine Homogenität der Leistungen und Entwicklungen voraussetzt, die in der neuen Unternehmensrealität erodiert. Wie beschrieben, geht die neue Unternehmensrealität mit einer automatischen Individualisierung des Mitarbeiters einher, der dann auch anmeldet, dass er eine spezielle Fortbildung statt der von der HR-Abteilung vorgegebenen besuchen möchte. Die HR-Abteilung als zentraler Provider der unternehmensweiten Entwicklungsmaßnahmen tritt dadurch in den Hintergrund und läuft Gefahr, an Wirkung zu verlieren.

Zudem müssen Mitarbeiter in vielen Unternehmen bestimmte Personalentwicklungsprogramme absolvieren, um die nächsten Sprossen auf der Karriereleiter zu erklimmen. Die Unternehmen verlangen das oftmals, um einen Gemeinschaftsgeist zu implementieren, der auch auf die Kultur des Unternehmens wirken soll. Das alles verschwindet in der neuen Organisationsrealität oder tritt immer mehr in den Hintergrund. Das Gemeinschaftsstiftende und das Kulturbeeinflussende dieser HR-Maßnahmen gehen dann auch mit verloren.

Eine weitere Hauptschwierigkeit für die Personalentwicklung möchten wir zum Schluss dieses Abschnitts kurz erwähnen. Denn ebenfalls von Relevanz für die Personalentwicklung ist, dass innerhalb der Unternehmenswelt die Anzahl der Tools und Methoden dramatisch gestiegen ist, nicht zuletzt, weil die Forderung nach Kreativität im Management zugenommen hat. Neue Konzepte wie Design Thinking, Scrum oder das Kanban Board, um nur einige zu nennen, haben in den letzten Jahren in der Organisationsrealität Einzug gehalten. Diese Entwicklung stellt die Personalabteilung vor eine große Herausforderung: Einerseits gibt es Mitarbeiter, die an solchen Innovationen gern teilnehmen möchten, andererseits tut sich die Personalabteilung damit schwer, zu entscheiden, ob derartige Themen überhaupt umgesetzt werden sollen, weil für sie völlig unklar ist, welche Methoden bleiben werden und welche nur eine vorübergehende Modeerscheinung sind.

7.2 Personalbetreuung

Im Mittelpunkt der Personalbetreuung steht häufig das Verhältnis des Vorgesetzten und des Mitarbeiters. Die Führungskraft kümmert sich um den Mitarbeiter des Unternehmens und investiert Geld und Zeit in Ausbildung und Weiterentwicklung. Dieses bilaterale Verhältnis ist in den meisten Organisationen nicht nur ein Element der Personalbetreuung, sondern ist häufig auch für Wohlergehen und Zufriedenheit der Mitarbeiter zuständig. Es ist daher mitentscheidend für den Erfolg eines Investments der Organisationen in die Arbeitnehmer.

Es gibt Ausnahmen, beispielsweise bei Unternehmensberatungen; dort ist der Projektleiter nur temporär Vorgesetzter. In zeitlich begrenzten Arbeitsverhältnissen entsteht in aller Regel keine engere Bindung zwischen Vorgesetzten und Mitarbeitern im Sinne einer Personalbetreuung.

Die Qualität der Betreuungsfunktion hängt auch von fachlichen Themen oder persönlichen und menschlichen Aspekten ab. Wir schätzen, dass das Verhältnis zwischen dem Vorgesetzten und seinen Mitarbeitern wichtiger ist als das zwischen dem Unternehmen als solchem und den jeweiligen Mitarbeitern. Die Betreuung durch das Unternehmen wird primär über den Vorgesetzten gesteuert und beeinflusst so die Organisation als Ganzes.

Eines der bekanntesten Motivationsmodelle für Mitarbeiter in einem Unternehmen, die Zwei-Faktoren-Theorie von Herzberg[8], differenziert nach echten Motivatoren und Hygienefaktoren. Echte Motivatoren sind persönliches Wachstum und Erfüllung der jeweils eigenen Vorstellungen des Mitarbeiters. Hygienefaktoren sind beispielsweise Kommunikation und Sicherheit. Kommunikation motiviert zwar nicht, aber es stört den Mitarbeiter, wenn er nicht informiert ist.

Echte Motivatoren sind in der Regel ganz persönliche Elemente, die sich nicht von einem Mitarbeiter auf den nächsten übertragen lassen. Nur wenn das Vertrauensverhältnis und die Bindung zwischen Vorgesetztem und Mitarbeitern sehr eng sind, kann der Vorgesetzte überhaupt per Motivation etwas bewirken. Anderenfalls reduziert sich die Betreuung auf eine Hygienefaktor-Diskussion.

---

8   Vgl. Herzberg, Frederick (1959)

Wenn in der neuen Organisationsrealität die Führungskraft den Mitarbeiter nicht mehr gut kennt und aus dem persönlichen Vertrauensverhältnis inzwischen nur noch eine formale Betreuungsfunktion geworden ist, besitzt der Vorgesetzte keinen Zugang zu den individuellen Motivatoren des Mitarbeiters. Damit verliert die Personalbetreuung ihre Relevanz und ihre Verankerung im Unternehmen.

Das kann man auch spiegelbildlich auf den Mitarbeiter übertragen, denn wenn die Kernelemente der Betreuung durch den Vorgesetzten nicht mehr vorhanden sind, besteht die Gefahr, dass die Loyalität schwindet, ebenso die gefühlsmäßige Bindung zum Vorgesetzten und damit auch zum Unternehmen. Die emotionalen Hürden, eine Firma zu verlassen und sich anderweitig umzuschauen, fallen.

7.3 HR-Diagnostik

HR-Diagnostik bezieht sich auf die Analyse der Bedürfnisse der Mitarbeiter eines Unternehmens auf der aggregierten, nicht der individuellen Ebene. Auffällig ist die Haltung vieler Top-Manager, wenn sie mitunter glauben, dass sie keine Diagnostik in Form einer Mitarbeiterbefragung für ihr Unternehmen oder ihre Abteilung benötigen. Sie denken oder geben vor, die Bedürfnisse ihrer Mitarbeiter bereits zu kennen. Meistens sind diese Manager dann überrascht, wenn Umfragen unter Belegschaften und Arbeitnehmern ergeben, dass sich die Bewertungen zwischen Führungskräften und Mitarbeitern auf verschiedenen Hierarchieebenen deutlich unterscheiden. Mitunter ist es natürlich auch so, dass Top-Manager Mitarbeiterbefragungen scheuen, um die Ergebnisse nicht in den eigenen Vorstandsgremien rechtfertigen zu müssen.

Die HR-Diagnostik ist in der Regel längsschnittartig aufgebaut, d.h., ein Großteil der Fragen ist für alle Teilnehmer identisch, und sie werden im Zeitablauf wiederholt, um eine Vergleichbarkeit zu ermöglichen. Die Auswertung verläuft dann meistens horizontal, also nach Hierarchieebenen. Hier wird dargestellt, wie die Befindlichkeit auf Mitarbeiterebene ist, dann auf den Führungskräfteebenen 1, 2 und 3. Danach folgen Auswertungen nach Unternehmensbereichen und Ressorts, also vertikal. Die Diagnostiken werden immer nach der formalen Aufbauorganisation ausgerichtet, weil die Ergebnisse in die formale Organisation zurückfließen, zusammen mit einem Handlungsauftrag an die formalen Vorgesetzten.

Wenn man in der Praxis feststellt, dass es in der neuen Organisationsrealität keine Hierarchien vertikaler oder horizontaler Art gibt bzw. dass diese in der Praxis keine Bedeutung mehr besitzen, dann kann man leicht erkennen, dass diese Art von HR-Diagnostik am Bedarf komplett vorbeigeht. Sie kann keine organisatorischen Sonderformen oder Projektprogramme bzw. Netzwerke erfassen und daher darauf bezogene Einschätzungen nur sehr indirekt ableiten. Dieses Problem ist für die Organisation und ihr Management umso größer, je mehr Mitarbeiterkapazitäten in Programmen oder Sonderformen gebunden sind.

Wenn beispielsweise 30 oder 40 Prozent der Mitarbeiter in diesen Sonderformen arbeiten, dann muss man fragen, welche Legitimation eine konventionelle HR-Diagnostik in diesem Umfeld überhaupt noch hat. Vielmehr müsste eine Befragung nach Rollen, Projekten oder Sonderformen erfolgen.

Der konventionelle Ansatz der Diagnostik widerspricht häufig der Organisationsrealität und kann, wenn sie überhaupt durchgeführt wird, sehr schnell angegriffen werden.

7.4 Steuerung durch Incentive-Systeme

Incentive-Systemen wird eine signifikante motivatorische Bedeutung zugesprochen. Sie sind für das gesamte Unternehmen sehr wichtig, weil sie fast die einzige Steuerung top-down darstellen, mit der die Mitarbeiter gelenkt und motivatorisch unterstützt werden können.

Dabei weisen Incentive-Systeme verschiedene Merkmale auf:
1. Zeitlicher Bezug: Dieser wird zumeist auf ein Jahr festgelegt.
2. Kalenderbezug: In der Regel werden die Incentives Ende des Jahres und genau abgegrenzt für das folgende Kalenderjahr definiert.
3. Starrheit: Ziele sind zu Beginn eines Jahres festgelegt und können dann innerhalb dieses Zeitraums nicht angepasst werden. Eine Variabilität der Ziele ist nicht vorhanden.
4. Kopplung: Bei oberen Führungskräften werden individuelle Ziele und Bereichs- bzw. Unternehmensziele miteinander verbunden. Die Kopplung wird häufig von

oben nach unten weitergeführt, da es für einen Vorgesetzten durchaus Sinn macht, dass die Ziele, die ein Mitarbeiter hat, mit den eigenen Zielen kompatibel und verzahnt sind. Wenn der Mitarbeiter gleiche Ziele hat, zahlt seine Motivation entsprechend auf die Bonifikation der Führungskraft mit ein.

5. Ausprägung: Hier wird zwischen quantitativen und qualitativen Zielen unterschieden.
6. Homogenität: Das HR-Incentive-System ist für die Hierarchieebene meist horizontal homogen und vertikal zwischen den Unternehmensbereichen und Ressorts unterschiedlich. Die Incentives ähneln sich horizontal, da ein Abteilungsleiter nicht anders vergütet werden soll als ein anderer in der gleichen Hierarchiestruktur.

Trotz der Wichtigkeit und vergleichsweise hohen Bedeutung von HR-Incentive-Systemen können Probleme entstehen, die wir am Beispiel der Fristigkeit erläutern. Viele operative Themen wie ein Proof of Concept[9] oder Ergebnisse aus agilen Organisationsmodellen werden in Zwei-Wochen-Rhythmen bearbeitet. Beispielsweise bekommt eine Führungskraft um die Osterzeit die Aufgabe, ein neues Thema zu bearbeiten, dessen Entstehung zu Jahresbeginn noch gar nicht absehbar war. Dann bearbeiten Mitarbeiter dieses Thema als Sonderprojekt zum Beispiel von Ostern bis Oktober und setzen dort 100 Prozent ihrer Kapazität ein. Dieses Engagement kann im Rahmen des bestehenden Incentive-Systems typischerweise nicht abgebildet werden, weil es später als die Ziele definiert und vor Jahresende schon wieder abgeschlossen wurde. Jahres- und Kalenderprinzipien konventioneller HR-Incentive-Systeme werden dieser Realität nicht gerecht.

Ein generelles Problem der neuen Organisationsrealität für die Incentive-Systeme liegt auch in der fehlenden Nähe von Business-Zielen und der individuellen Situation der Mitarbeiter. Deren operative Tätigkeiten sind von den vor Monaten definierten individuellen Zielen komplett entkoppelt. Im positiven Fall werden die Incentive-Systeme ausgeblendet und von den Mitarbeitern nicht weiter berücksichtigt. Im negativen Fall wird das Incentive-System zum Dis-Incentive-System und zum Ärgernis für den Einzelnen. Das ist häufig dann der Fall, wenn ein Mitarbeiter eine Bonifikation beispielsweise für eine größere Anschaffung oder für eine Hypothekenrückzahlung

---

9 Ein Proof of Concept ist ein Meilenstein bei der Einführung einer neuen Technologie, zu dem beurteilt wird, ob die Technologie grundsätzlich geeignet ist oder nicht.

7.4 Steuerung durch Incentive-Systeme

fest eingeplant hat, diese aber nicht ausgeschüttet wird, da vorgegebene Ziele nicht erreicht wurden. Das liegt aber mitunter nicht an den Mitarbeitern selbst, sondern wird durch andere Faktoren bestimmt, auf die diese keinen unmittelbaren Einfluss haben, beispielsweise wenn ein Produkt noch nicht so weit entwickelt ist, dass es verkauft werden kann. Im Ergebnis läuft der Kernbeitrag von Incentives Gefahr, seine steuernde und das Verhalten beeinflussende Wirkung zu verlieren.

Aus der Betrachtung dieser Kernelemente von HR leiten wir die These ab, dass sich der Personalbereich neu formieren muss, weil die neue Organisationsrealität die Entwicklung, die Betreuung, die Diagnostik und die Steuerung von Mitarbeitern vor komplett neue Herausforderungen stellt.

Zusammengefasst: !

Die neue Organisationsrealität stellt die HR-Funktion vor neue Herausforderungen. Personalentwicklung setzt eine Homogenität der Organisation und Karriereanforderungen voraus, die in einer disruptiv-innovativen Welt nicht mehr gegeben ist – Individualisierung ist Trumpf. Personalbetreuung fußt zumeist auf einem engen Verhältnis zwischen Vorgesetztem und Mitarbeiter, das es dem Vorgesetzten erlaubt, auf die echten individuellen Motivatoren des Mitarbeiters Einfluss zu nehmen. Mit der Nicht-Eindeutigkeit der hierarchischen Zuordnung des einzelnen Mitarbeiters erodiert diese Einflussmöglichkeit – die Betreuung ist auf weitgehend wirkungslose Hygienefaktoren reduziert. HR-Diagnostik läuft ins Leere, weil deren horizontaler und vertikaler Zuschnitt es unmöglich macht, Maßnahmen zu definieren, die der vernetzten Unternehmensrealität gerecht werden. Schließlich versagen auch HR-Incentive-Systeme mit ihrer Ausrichtung an Kalenderjahren und ihrer Starrheit bei den Zielen. Der Mitarbeiter arbeitet in kurz laufenden Projekten mit, die ohne Jahresplanung begonnen haben und ohne konkret messbare Ziele ebenso rasch wieder beendet werden.
Fazit: In der neuen Organisationsrealität droht die HR-Funktion komplett an Bedeutung zu verlieren, wenn sie sich in ihren Kernfunktionen nicht neu erfindet.

Praxistipps:

Prüfen Sie die Bestandteile Ihres HR-Systems auf die Ausprägung der beschriebenen Merkmale. Erfasst das Incentive-System in Ihrem Unternehmen unterjähriges Engagement? Wie stark ist die Kopplung der Ziele an Ihre tatsächlich ausgeübten Tätigkeiten und Projekte? Wie stark kann der Mitarbeiter seine Ziel-Erreichung beeinflussen, und wie gut kann die Führungskraft die individuelle Leistung beurteilen? Wie wird die Personalbetreuung gelebt? Besteht eine systematisch verankerte Möglichkeit für die Führungskraft, die echten Motivatoren des Mitarbeiters kennenzulernen und auf diese Einfluss zu nehmen? Schließlich: Holen Sie die letzte Mitarbeiterbefragung hervor. Welcher Anteil an Fragen oder Diagnostik ist wirklich relevant für Ihren heutigen Arbeitsalltag? Wie lange hat es gedauert, bis die aufgrund der Befragung eingeleiteten Maßnahmen gegriffen haben?

8 Steuerung: Anpassung an ambidextrische Realität oder bürokratische Pflichtübung

Was bedeutet der Begriff Steuerung bzw. Unternehmenssteuerung eigentlich genau? Für die Zwecke unserer Diskussion der neuen Organisationsrealität betrachten wir Steuerung als einen Kreislauf, der sich aus fünf Schritten zusammensetzt:
1. Unternehmensziele definieren, Bereichs- und individuelle Ziele ableiten
2. Maßnahmen definieren
3. Ressourcen zuweisen (sowohl Geld als auch Personal)
4. Ergebnisse kontrollieren und bei Bedarf Gegensteuerungsmaßnahmen einleiten, wenn man unterjährig Soll-Ist-Abweichungen feststellt
5. Ergebnisse dokumentieren und kommunizieren

8.1 Unternehmensziele definieren, Bereichs- und individuelle Ziele ableiten

Unternehmen setzen sich meist Ziele, die auf Unternehmensebene aggregiert sind – beispielsweise Größen der Unternehmens-GuV oder der Unternehmensbilanz. Aus diesen definieren sie Bereichsziele, also quantitative Ziele, die sich aus den GuV- und Bilanzgrößen ableiten. Das können Umsatzziele, Neugeschäftsziele oder Kostenziele sein, die in aller Regel hierarchisch aggregiert sind. Das bedeutet, dass sie von oben nach unten oder von unten nach oben abgeleitet und in ein Gesamtwerk integriert werden. Wenn ein Unternehmen beispielsweise ein Wachstums- oder Neugeschäftsziel von 1000 hat, dann wird dieses Ziel in einzelnen Hierarchieebenen und Organisationseinheiten verteilt und umgeschichtet, bis schließlich in der Summe der Einzelteile wieder 1000 herauskommt.

Außerdem sind die Ziele überwiegend kalendarisch am Geschäftsjahr ausgerichtet, das klassischerweise vom 1. Januar bis zum 31. Dezember läuft, nur wenige Unternehmen haben unterjährige Ziele. Dadurch sind die Unternehmensziele und die individuellen Ziele gleichermaßen streng kalendarisch ausgerichtet. Sie sind in der Regel transparent und werden von den Entscheidungsträgern akzeptiert. Auch die definitorische Grundlage der Zahlen ist von den Verantwortlichen als Steuerungsgröße meistens anerkannt.

8 Steuerung: Anpassung an ambidextrische Realität oder bürokratische Pflichtübung

Dabei werden Innovationen oder die Fähigkeiten der Organisation, komplexe Situationen zu behandeln, häufig nur allgemein qualitativ beschrieben. Sie haben in der unternehmerischen Praxis überwiegend nur eine nachgelagerte Bedeutung, obwohl sie durchaus objektivierbar sind. Controller könnten mehr Ergebnisse daraus ziehen, aber sie sind immer noch auf klassische Bilanz- und GuV-Größen fokussiert. Ein Beispiel ist die Anzahl der Patente, die teilweise auch gemessen wird. Mitunter wird die Unternehmenssteuerung durch Score Cards ergänzt, die versuchen, solche Elemente aufzugreifen, um von ausschließlichen Bilanz- und GuV-Größen wegzukommen und derartige qualitative Bestandteile ebenfalls entsprechend abzubilden.

Gelingt das nicht, dann treten qualitative Elemente in den Hintergrund und quantitative Ziele stehen im Mittelpunkt – das entspricht der klassischen Unternehmenssteuerung.

Bei einer relativ komplexen Unternehmensstruktur entstehen jedoch einige Probleme. So funktioniert die vorgenannte Steuerung sehr gut in hierarchischen Linienorganisationen, denn in einer Welt, in der man Ziele aggregiert und von oben nach unten ableitet, können beispielsweise hierarchische Vertriebsorganisationen sehr einfach integriert werden. Wenn wir jedoch eine höhere Komplexität haben, dann laufen die Ziele der Unternehmensteile häufig auseinander. Auch die Zuordnung von Ressourcen wird zunehmend schwieriger, wenn man nicht nur eine vertikale Linienorganisation hat, sondern mehrere Organisationsformen entsprechend bedienen muss.

> **Praxisbeispiel:**
>
> *Bei einer Gesamtorganisation, die aus einer Matrixorganisation in der Linie plus einer Projektorganisation plus einer Sonderlösung wie einem DigiLab besteht, müsste man in überlagernden mehrdimensionalen Organisationsformen die Unternehmensziele wie Kostenziele und Kostenbudgets auf die einzelnen Einheiten verteilen und wieder von unten nach oben aggregieren.*
> *Wenn man das von der Organisation auf den Einzelnen überträgt, dann ist dieser Mitarbeiter mindestens zwei Dimensionen zugehörig: der Matrix plus der Projektwelt. Wie soll diese Person dann seine Ressourcen oder Kosten zuordnen, und wie soll er sich auf diese Organisationsformen »verteilen«?*

8.1 Unternehmensziele definieren, Bereichs- und individuelle Ziele ableiten

Wir haben aber auch ein Problem mit den Zielgrößen. Wie beschrieben, sind klassische Steuerungsgrößen bilanzielle Kennzahlen, aber Erfolgsgrößen einer Digitalisierung oder einer Innovation sind dort nicht abgebildet. Die Erfolgsgröße einer Digitalisierung ist beispielsweise der Automatisierungsgrad von Prozessen, der beschreibt, wie viel Prozent eines Prozesses automatisch durchlaufen und wie viel Prozent nachgearbeitet werden müssen. Wenn man die Digitalisierung und die Innovation stärker gewichten will, dann stehen deren Erfolgsgrößen im Gegensatz zu den bilanziellen Zielgrößen.

Eine weitere Schwierigkeit zeigt sich bei börsennotierten Gesellschaften, da die Analysten, die wichtige Kontrolleure und Begleiter von Finanz- und auch Unternehmensbereichen sind, primär auf bilanzielle Kerngrößen schauen. Da die Simulationsmodelle der Analysten auf diesen basieren, die Modelle jedoch Innovationsthemen allenfalls qualitativ abbilden, wird auf bilanzielle Größen fokussiert. So haben die Unternehmen von dieser Seite her keinen besonderen Druck, Digitalisierungs- oder Innovationskenngrößen zu entwickeln und diese mit in die Unternehmenssteuerung einfließen zu lassen.

Ein weiteres Problem besteht darin, dass die Jahresscheiben-Sicht an ihre Grenzen stößt. Wie bereits skizziert, werden die Unternehmensziele kalendarisch aufgebaut, aber diese Jahresscheiben-Einteilung funktioniert nicht in der neuen Organisationsrealität mit Projekten im 14-tägigen Sprintrhythmus. Hier entstehen Themen, die schnell angegangen werden müssen und deren Projekte oftmals nur eine Laufzeit von drei Monaten haben – beispielsweise, wenn eine Web-Applikation entwickelt werden muss. Oftmals ergibt sich der Bedarf unterjährig und wird auch unterjährig wieder abgeschlossen. Natürlich sind diese Projekte im Rahmen der Gesamtergebnisse des Unternehmens kostenseitig berücksichtigt, sie sind aber im Lauf des Jahres nicht sichtbar gewesen, sie laufen der Kalenderperspektive der Buchhaltung mit Jahren, Quartalen und Monaten fundamental entgegen.

Unternehmen steuern also primär nach bilanziellen Größen als Grundgerüst der gesamten Unternehmenssteuerung. Wenn Themen wie Innovation, Digitalisierung oder Flexibilität sowie Anpassungsfähigkeit einer Organisation zusehends für den Erfolg wichtiger werden, dann werden die klassischen Steuerungsmechanismen wirkungsschwach oder sogar kontraproduktiv. Häufig orientieren sich Manager primär an Steuerungsgrößen und beachten eigentliche Erfolgsfaktoren für das Unternehmen nicht sonderlich.

8.2 Maßnahmen definieren

Wenn Ziele festgelegt und abgeleitet wurden, besteht danach unmittelbar die Herausforderung, der Organisation Ressourcen zuzuweisen, damit die Ziele erreichbar werden. Zuvor stellt sich jedoch die Frage, wer überhaupt das Recht hat, in der Organisation Maßnahmen zu definieren und Projekte zu etablieren.

Das ist in der Linienorganisation klar geregelt: Der Vorstand definiert die Ziele und gibt diese in seine Silos hinein, dort werden die Ziele weiter umgesetzt und Maßnahmen entwickelt. In der Matrixorganisation ist die Klarheit der Regelung schon weniger eindeutig, zum Beispiel, wenn es eine Initiative gibt, in der Produkte aktualisiert werden sollen, oder wenn es gilt, Prozesse zu digitalisieren. Bei solchen Themen stellt sich die Frage, wer in einer Matrixorganisation dafür zuständig ist. Ist es Bereich A oder Bereich B, oder ist es der Vertrieb, weil er den ersten Kontakt zum Kunden hat? Es kann auch die Produktion sein oder das After-Sales, das langfristig mit den Kunden zu tun hat. Wer übernimmt dann die fachliche Führung von innovativen Projekten und bei übergreifenden Themen?

Die Gefahr besteht, dass jeder Organisationsbereich selbst Maßnahmen definiert, ohne dass diese top-down gesteuert werden. Für übergeordnete Steuerung geeignet sind oftmals Impulse aus dem Markt, überwiegend extern induziert, oder sehr operative Themen, während die Top-down-Steuerung bei innovativen Aufgabenstellungen extrem schwierig ist. So sagt beispielsweise der Produktionsbereich, er möchte digitalisieren, und versucht, Vertrieb und After-Sales zu gewinnen, um die sich daraus ergebenden Anforderungen gemeinsam umzusetzen.

Ein weiteres Problem bei der Definition von Maßnahmen besteht – neben der organisatorischen Seite – auch darin, den Scope und die Ziele der Maßnahmen in einem sehr dynamischen Umfeld umzusetzen. Die Erfolgswahrscheinlichkeit ist unsicher, und die Ziele selbst sind permanent im Wandel. Durch die intrinsische Komplexität der Technik oder der Aufgabenstellung ist die Beurteilung der Themen für das Top-Management fast unmöglich. Jeder hat eine andere Vorstellung vom angestrebten Ergebnis, und wenn gar Themen mit KI-Bezug auf der Agenda erscheinen, haben einzelne Unternehmensbereiche oder die Unternehmensleitung kaum noch die Chance, das alles zu verstehen.

8.2 Maßnahmen definieren

Es gibt Verfahren, die Themen bündeln sollen und bei der Unternehmensleitung für Ressourcen werben. Aber hat diese tatsächlich immer das Verständnis, genau zu bewerten, welche innovativen Themen welche Erfolgswahrscheinlichkeiten haben? Oder verlässt sich die Unternehmensleitung auf Pseudo-Kalkulationen der Kosten oder des wirtschaftlichen Nutzens von Maßnahmen?

Es ist gängige Praxis, dass Projekte über eine standardisierte Kosten-Nutzen-Betrachtung eingereicht werden müssen. Die Kosten können meistens halbwegs gut geschätzt werden, weil Projektkosten oder externe IT-Kosten anfallen, aber der wirtschaftliche Nutzen ist in der Regel betriebswirtschaftlich sehr dünn fundiert und deswegen auch sehr schwer anzusetzen. Die Unternehmensleitung hat also trotz Standardisierung der Projektformalia Probleme, die Projekte wirtschaftlich und technologisch sauber zu bewerten und eine vernünftige Entscheidung zu treffen.

Die top-down durchgeführte Maßnahmendefinition wird durch die technologische und organisatorische Komplexität zunehmend zu einer Entscheidung, die auf Unsicherheit beruht. Negativer ausgedrückt: Es besteht die Gefahr, dass die Unternehmensleitung Projekte freigibt und durchführt, ohne genau zu wissen und einschätzen zu können, was dabei an Nutzen und Sinnhaftigkeit dahintersteht.

Ein Beispiel dafür, dass Projekte aus Verunsicherung nicht umgesetzt werden, kann ein KI-Projekt sein, bei dem Kundenschreiben automatisiert direkt bearbeitet werden. KI kommt zum Einsatz bei der Analyse von Kundenschreiben und der direkten Auftragsbearbeitung. Zwar können die Kosten des Projekts ungefähr geschätzt werden, aber die Frage, wie gut die KI ist, hängt von vielen Faktoren ab wie beispielsweise der Trainingszeit, in der die Maschine angelernt werden kann. Dieser Faktor beeinflusst, wie gut die Maschine Wissen generieren kann. Weil die Leistungsfähigkeit dieses Vorgangs von sehr vielen Variablen abhängt, ist es fast unmöglich, zu beobachten und zu bewerten, wie viel Prozent der Kundenschreiben maschinell durch die KI-Software zukünftig bearbeitet werden können. Das heißt, man kann die Kosten ungefähr kalkulieren, aber der Nutzen ist eine komplette Blackbox.

Daher tun sich Unternehmen extrem schwer, den Nutzen zu quantifizieren, um eine sinnvolle betriebswirtschaftliche Analyse ihrer Entscheidung zugrunde zu legen. Die Frage ist zudem, ob die betriebswirtschaftliche Bewertung eines einzelnen Projekts

8 Steuerung: Anpassung an ambidextrische Realität oder bürokratische Pflichtübung

ausreicht, um die Sinnhaftigkeit insgesamt zu beurteilen. Unsere These ist, dass möglicherweise Nebenlerneffekte entstehen, wie mit neuen Technologien umgegangen werden kann, und dass der Nutzen bei der Beurteilung weiterer Projekte viel größer ist als bei der Beurteilung des ersten innovativen Projekts.

8.3 Ressourcen zuweisen

Ressourcen, um deren Zuweisung es geht, sind in der Regel Geld und Mitarbeiterkapazitäten. In der hierarchischen Welt ist diese Zuweisung einfach zu überblicken, es werden von oben nach unten Geld, Budgets und Personal verteilt. Dabei hat sich in der Vergangenheit herausgestellt, dass dieses Vorgehen wenig effizient ist, da in der Linienwelt und in den Silos oftmals unterschiedlicher und schwankender Bedarf vorhanden ist. Aber welcher Linienmanager in der Linienwelt möchte zugestehen, dass er für seinen Bereich signifikant weniger Investitionsbudget bekommt als der Bereich des Kollegen? Das hängt auch mit der Stellung innerhalb des Unternehmens sowie der Macht und Innovationsfähigkeit einzelner Ressorts zusammen. Wegen dieser Rivalität werden häufig Budgets aus der Linie herausgenommen und in Projektportfolios und Projektwelten überführt. Nach diesem Vorgang verfügt der einzelne Linienmanager über deutlich weniger Budget, das er selber verwaltet. Stattdessen wird ein substanzielles Budget über ein zentrales Projektbudget verantwortet. Das erschwert in der Regel die Abstimmung zwischen Projekt- und Linienwelt, kann aber insgesamt dennoch funktionieren – und ist so bei vielen Unternehmen gelebte Praxis. Ein Problem stellt sich jedoch, wenn die Mitarbeiter-Ressourcen wie so oft überplant sind, denn fast immer sind Portfolios komplett ausgereizt und meist über mehrere Jahre gebunden. Ein Beispiel hierfür ist die Situation, dass die zentrale Projektorganisation mit der Einführung von SAP als IT-Projekt einen Großteil der Ressourcen bindet.

Vor dem Hintergrund dieser Ist-Einschätzung stellt die Frage, wie man innovative Themen umsetzen kann, eine besondere Herausforderung dar. Die einzelnen Linienmanager haben oftmals keine großen Budgets mehr, um innovative Themen anzugehen. Also entstehen Sonderbudgets oder separate organisatorische Lösungen, weil innovative Projekte in den klassischen Linien- und Matrixorganisationen oder in den ausgebuchten Projektwelten nicht mehr abgebildet werden können. Mitunter entsteht so der Wunsch, Sonderformen außerhalb der klassischen Welten zu etablieren, zum Beispiel DigiLabs oder »U-Boot-Projekte«, um neue Ziele umzusetzen. Die ambidextrische Organisation entsteht teilweise also durch Ressourcenzuweisung oder mangelnde Variabilität der bestehenden Organisation, neue organisatorische Lösungen umzusetzen und deren Steuerung vorzunehmen.

Bei der Zuweisung von Ressourcen spielen Kosten oder Budgets eine besondere Rolle. Variable Kosten sind auch in der ambidextrischen Organisationsform relativ einfach zuzuordnen. Eine Abteilung bekommt ein Budget, um ein Projekt umzusetzen, das Problem entsteht dann in der Zuordnung von Fixkosten.

Ein Beispiel für die Schwierigkeit der Zuordnung sind die Fixkosten für den allgemeinen IT-Betrieb – sie werden heute per Gießkanne auf die einzelnen Organisationseinheiten verteilt. Jeder Kostenstellenverantwortliche hat einen Block von allgemeinen IT-Kosten. Die Fixkosten steigen aber mit Zunahme der Technologie und sind auch durch den Einzelnen kaum beeinflussbar. Die Herausforderung besteht darin, dass die IT-Fixkosten auf zusätzliche Einheiten verteilt und durch noch komplexere Schlüssel zugeordnet werden müssen, wenn noch mehr Organisationseinheiten vorhanden sind wie in der ambidextrischen Organisation. Damit ist die Nachvollziehbarkeit für den einzelnen Manager nahezu unmöglich. Je mehr Verteilungsschlüssel vorhanden sind, desto schwieriger wird es für den Einzelnen, die Zusammenhänge nachzuvollziehen. Die steigenden IT-Fixkosten werden zum zunehmenden Problem des einzelnen Managers.

Damit verliert die Leistungsmessung auch als Grundlage von Incentive-Systemen an Glaubwürdigkeit. Wenn ein Abteilungsleiter ein Kostenziel zu managen hat, wovon ein substanzieller Teil Fixkosten sind, die über komplexe Schlüssel zugeordnet werden, dann fragt er sich, wie das System funktionieren soll. Da daran häufig persönliche Incentive-Systeme und Boni gekoppelt sind, verlieren auch die Zahlen an Glaubwürdigkeit, und damit ist das Thema Leistungsmotivation in Gefahr.

8.4 Ergebnisse kontrollieren und bei Bedarf Gegensteuerungsmaßnahmen definieren

Diesen Teil der Steuerung wollen wir aus der Perspektive einer einzelnen Führungskraft betrachten. In vertrieblichen Funktionen ist alles relativ einfach geregelt: Die Ergebniskontrolle ist einfach, die quantitativen Ziele sind einfach, ebenso die Ist-Messung und die Definition einfacher Gegensteuerungsmaßnahmen.

8 Steuerung: Anpassung an ambidextrische Realität oder bürokratische Pflichtübung

Viele Manager haben jedoch auch andere als quantitative Ziele, wenn man sich Unternehmenseinheiten außerhalb des Vertriebs anschaut wie Produktion oder betriebliche Funktionen. Dort sind die individuellen Ergebnisse oftmals schwierig messbar, und in einer vernetzten und komplexen Organisationsstruktur ist die Zuordnung der Verantwortlichkeiten sehr diffizil. Wie soll man seine eigenen Leistungsziele definieren oder Ergebnisse kontrollieren, wenn man parallel in verschiedenen Dimensionen – zum Beispiel in einer Linienorganisation, in einer Matrix und in Projekten – mitarbeitet und zugleich in Sonderprojekten eingesetzt wird?

Auch Manager stehen vor dem Problem, dass ihre Mitarbeiter häufig in anderen als den eigenen Organisationsformen tätig sind; so stehen die Führungskräfte nur bedingt für Gegensteuerungsmaßnahmen bereit. Einem Abteilungsleiter einer Linienorganisation steht in der Regel ein Großteil seiner formal zugeteilten Mitarbeiter für entgegensteuernde Vorgehensweisen zur Verfügung, aber in einer komplexen Welt, in der in vielen Netzwerken gearbeitet wird, ist dies möglicherweise nur in geringem Maß der Fall. Doch wie kann ein Manager Gegensteuerungsmaßnahmen hinsichtlich seiner Ziele durchführen, wenn er auf den zentralen Hebel dafür, die Mitarbeiter, gar nicht zugreifen kann?

8.5 Ergebnisse dokumentieren und kommunizieren

Konventionell werden alle Ergebnisse aus dem Steuerungskreislauf in diversen Reports dokumentiert und dann für individuelle Feedbackgespräche zusammengefasst und konsolidiert. Ziel ist bei diesen Ergebnisdokumentationen auch, auf Mitarbeiterebene für die Personal- und Karriereentwicklung Maßnahmen abzuleiten. Dabei gibt es üblicherweise nur eine eingeschränkte Korrelation zwischen dem Leistungsbeitrag und den dokumentierten Ergebnissen in der Score Card. Wenn ein Bereich gewisse Ergebnisse erzielt, stellt sich die Frage, welcher individuelle Beitrag dahintersteht. Ist der Beitrag dem Einzelnen zuzuordnen, oder sind ganz andere Einflussfaktoren relevant? Wenn ein Ziel darin besteht, ein Projekt umzusetzen, kann der Einzelne das tatsächlich beeinflussen oder sind nicht Zulieferleistungen beispielsweise von der IT notwendig, um Ziele zu erreichen? Man denke an die Erstellung einer neuen Web-Applikation zur Konfiguration von Autos – hier kann der Marketing-Bereich sagen, was er braucht, um die entsprechenden Ziele umzusetzen. Aber bekommt er tatsächlich die Ressourcen zugewiesen, die er benötigt, um Derartiges zu realisieren?

Ein weiteres Problem besteht darin, dass die Ergebnisdokumentation – wie alle Arten von Reports – streng organisationshierarchisch ist. Wenn Mitarbeiter in mehreren Organisationswelten arbeiten, sind diese Leistungsbeiträge auch in mehreren Einheiten verteilt, aber sie erscheinen nicht in der individuellen Leistungsmessung.

Praxisbeispiel:

Ein Abteilungsleiter arbeitet noch in einem anderen Projekt mit, und der Report weist seinem Vorgesetzten nur die Leistungen, Ergebnisse und Kosten des entsprechenden Abteilungsbereiches aus. Dadurch sind möglicherweise 50 Prozent der Leistungen überhaupt nicht in den Abteilungsreports beschrieben, sondern finden sich in ganz anderen Welten wieder. Insofern verliert die Ergebnisdokumentation insgesamt an Glaubwürdigkeit, weil sie nicht mehr vollumfänglich die Realität abbildet.

Wie sehen eine Leistungsdokumentation und eine Kommunikation überhaupt aus, wenn der Mitarbeiter gleichzeitig in der Linie, im Projekt und in Sonderformen arbeitet? Die Ergebnisdokumentation als Basis für ein Feedback wird unmöglich, verliert an Prognosekraft für die weitere Entwicklung und somit auch an Relevanz. Das Gleiche gilt für den Abteilungsreport aus dem Reporting-System, wenn der Mitarbeiter 50 oder 70 Prozent seiner Zeit in ganz anderen Bereichen verbringt. Ist ein Leistungsbericht nur noch eine bürokratische Pflichtübung, die aus der alten vertikalen Linienorganisation stammt, aber in der ambidextrischen Organisation mit verschiedenen Organisationsformen komplett überholt ist?

8.6 Relevanzverlust trotz Weiterentwicklung

Die formalen Steuerungssysteme verlieren an Qualität und Bedeutung, wobei wir sehen, dass die dafür zuständigen Controlling-Bereiche sehr viel Aufwand betreiben, um diese Steuerungssysteme zu implementieren und in der neuen Organisationsrealität weiterzuentwickeln – sie werden dadurch relativ komplex, und das Bemühen der zuständigen Linienmanager steht in keinem Verhältnis zur Relevanz. Vielmehr sollten dann die Steuerungssysteme einer grundlegenden Reflexion unterzogen werden.

»More of the same« ist nicht zielführend. Wir haben ein Beispiel von einer sehr guten Controllerin vor Augen, die einen enormen Aufwand betreibt, um Linienbudgets Linienkosten zuzuordnen, Projekte budgetseitig auszustatten und die Projekt-

8   Steuerung: Anpassung an ambidextrische Realität oder bürokratische Pflichtübung

Reporting-Welten und die Linienwelten in Übereinstimmung zu bringen. Zudem adressiert sie parallel dazu noch Sonderbudgets außerhalb der Linien- und Projektwelten. Sie steht immer vor der Frage, von wem welche Initiative bezahlt wird und ob möglicherweise Teilbudgets von neuen Initiativen durch Linien- oder Projektwelten oder sonstige Töpfe finanziert werden können. Das ist sehr komplex, und der Aufwand, der dort betrieben wird, ist so enorm, dass noch mehr Kapazitäten in das Controlling investiert werden, um derartige Themen nachzuhalten und diese Welten zahlenmäßig abzubilden. Dabei muss man sich fragen, ob der Mehraufwand für das Controlling überhaupt noch sinnvoll ist – muss man nicht vielmehr eine komplett andere Herangehensweise finden, wie man in einer sich verändernden Unternehmenswelt mit Zahlenbudgets und Ressourcen umgeht?

Auch für den einzelnen Mitarbeiter ist diese Steuerungskomplexität wichtig, denn wie bereits geschildert, ist für ihn persönliches Wachstum ein zentraler Motivationsfaktor. Wenn aber der Nachweis von Wachstum gar nicht mehr richtig dokumentiert werden kann und die Glaubwürdigkeit der Zahlen leidet, dann nimmt auch die dokumentierte Zahlenwelt an Relevanz und Zuverlässigkeit ab. Der Motivator Zahlen/ Ergebnisse wird dann wieder zum Hygienefaktor. Er motiviert nicht mehr, sondern ist nur noch frustrierend und demotivierend, wenn die Zahlen nicht stimmen.

! **Zusammengefasst:**

Der typische Steuerungskreislauf (Zieldefinition, Maßnahmenableitung, Ressourcenzuweisung und -controlling, unterjährige Steuerung, Ergebnisdokumentation) steht in der neuen Organisationsrealität zunehmend vor Herausforderungen. Digitalisierung und Innovation, ganz zu schweigen von KI, sind schwer zu messen, und daher werden eher nicht kongruente Ziele an den Anfang des Kreislaufs gestellt. Bei der Maßnahmenableitung fällt es dem Top-Management zunehmend schwer, die Relevanz von Projektvorschlägen für die Unternehmensentwicklung einzuschätzen. Die Ressourcenausstattung von Projekten verteilt sich immer öfter auf zahlreiche Töpfe, die kaum noch zu überblicken und zu steuern sind. Wegen der Schwierigkeit der Zielsetzung drohen aus der unterjährigen Steuerung Fehlimpulse, die vielversprechende Projekte verlangsamen und gar stoppen. Schließlich droht die Ergebnisdokumentation aufgrund der verteilten Arbeitsweise in unterschiedlichen Organisationsformen zur bürokratischen Pflichtübung zu degenerieren.

8.6 Relevanzverlust trotz Weiterentwicklung

Praxistipps:

Verschaffen Sie sich eine Einschätzung der Effektivität Ihrer Unternehmenssteuerung. Es lohnt sich hierzu, den Prozess der Projektentstehung und Projektkontrolle genauer unter die Lupe zu nehmen. Soweit das Top-Management in die Projektentstehung einbezogen ist: Welche Glaubwürdigkeit besitzen die Entscheidungsträger für die Auswahl der zukunftsweisenden Projekte für das Unternehmen? Welche Rolle spielen bei der Projektentstehung Formulare und vorgegebene Business Cases? Was passiert, wenn ein Projekt sein zugewiesenes Budget überschreitet? Bis zu welchem Grad kann die bestehende Organisation innovative oder kurzfristige Projekte überhaupt leisten? (Ein guter Indikator für die Antwort auf die letzte Frage ist der Anteil an Externen in diesen Projekten.) Schließlich können Sie sich fragen, inwieweit Performance-Probleme in Projekten (zum Beispiel Zeit- oder Budgetüberschreitungen, Zielverfehlungen) zu Fördermaßnahmen auf der Mitarbeiterebene führen. Besteht hier überhaupt ein Zusammenhang?

9 Organisatorische Sonderformen: Teil der Lösung oder Teil des Problems?

Viele Menschen haben eine ungefähre Vorstellung davon, was mit dem Begriff Organisation gemeint ist. Aber fragt man weiter, was sich dahinter ganz genau verbirgt, fallen die Antworten schon deutlich sparsamer und ungenauer aus.

Unter Organisation verstehen wir die Struktur eines Unternehmens, die von Managern in der Regel von oben nach unten aufgebaut wird. Dabei ist das Grundprinzip »structure follows strategy«. Dieses Prinzip impliziert, dass die Strukturen so gestaltet werden, wie die Ausrichtung des Unternehmens und seine Unternehmensstrategie es erfordern. Dabei gehört es zum Selbstverständnis des Managements, dass aus der Strategie heraus die entsprechenden Organisationsstrukturen von ihm abgeleitet werden können und aufzubauen sind.

Wenn man einen Manager fragt, was er unter dem Begriff Organisation versteht, so antworten die meisten, dass die Aufbau- und Ablauforganisation das Wesentliche für sie seien. Einige sagen, dass Aufbauorganisation für sie Priorität habe und die vertikale Strukturierung des Unternehmens in Geschäfts- und Unternehmensbereiche die zentrale Dimension darstelle.

Andere Manager sagen, die End-to-End-Verantwortlichkeit von Prozessen stehe im Mittelpunkt, daher präferieren sie eine primär prozessorientierte Organisation des Unternehmens.

Vertikale oder prozessorientierte Strukturierung sind die zwei wesentlichen Gestaltungsprinzipien, die man aus der Vorgabe »structure follows strategy« ableiten kann.

Sieht man sich die Praxis an, dann erscheinen Reorganisationen nicht immer als Konsequenz von angepassten Unternehmensstrategien, sondern oft als Ergebnis der persönlichen Strategie eines Top-Managers, um strategische Unklarheiten zu verdecken und Zeit zu gewinnen. Dabei zeigt sich oftmals, dass Reorganisationen auch durchgeführt werden, um die Macht des Managers zu zementieren.

9 Organisatorische Sonderformen: Teil der Lösung oder Teil des Problems?

Wenn man die Aufgabe betrachtet, dass die Organisation als Ableitung der Strategie dargestellt werden soll, gibt es grundsätzlich fünf Problembereiche.
1. Die Unternehmensstrategie ist oftmals schwierig zu definieren. Dadurch wird die richtige Ableitung der Organisation problematisch, denn wenn man keine Strategie hat, kann man die Organisation nicht eindeutig ableiten.
2. Reorganisation braucht immer sehr viel Zeit, denn die Organisation per se ist träge.
3. Aufgrund der Zunahme der unternehmerischen Komplexität verliert der Gestaltungsanspruch des Managements an Einflussmöglichkeit.
4. Neue Aufgaben passen nicht in das bestehende Organisationsraster.
5. Menschen sind nicht indifferent, sondern betreiben eine Rivalität der Organisationsformen.

9.1 Schwierigkeit der Strategiedefinition

Die Entwicklung einer Strategie ist immer dann schwierig, wenn sich die Rahmenbedingungen schnell verändern. Wenn die Dynamik von Innovationen, Digitalisierung und KI deutlich zunimmt, ist das immer stärker der Fall. Erschwerend kommt hinzu, dass Innovationen nicht das Gesamtunternehmen betreffen, sondern bereits in den Geschäftsbereichen bzw. in den Wertschöpfungsstufen des Unternehmens unterschiedlich sind. Zudem ist zu beobachten, dass die Art der Veränderungen zwischen den einzelnen Wertschöpfungsstufen variiert. Es ist extrem schwierig, eine tragfähige und relevante Strategie zu entwickeln, wenn sich – als Rahmenbedingungen – das Umfeld durch Technologie ebenso verändert wie Wertschöpfungsketten und die Art des Wettbewerbs innerhalb der einzelnen Wertschöpfungsstufen.

Beispiel für eine typische Strategie ist, dass ein Unternehmen stärker wachsen möchte als der Markt, vor dem Hintergrund, Skalenvorteile zu realisieren. Exemplarisch dafür steht Volkswagen, das sein Motorenangebot von Verbrennungs- auf Elektromotoren umstellen möchte. Doch diese technologische Festlegung schafft neue Abhängigkeiten, denn noch ist mit den ungelösten ökologischen Fragen völlig unklar, ob der Elektroantrieb wirklich die Zukunft ist oder ob nicht möglicherweise die Wasserstofftechnologie die bessere Alternative ist. Vielleicht ist es sogar ein Mix aus beiden Antriebsarten?

In einer Welt von disruptiven Veränderungen sind Wachstum oder Unternehmensgröße nicht mehr so relevant wie in der Vergangenheit. Vielmehr stellt sich die Frage, ob es nicht ein Irrweg ist, strategisch auf Wachstum zu fokussieren, wenn sich die Wertschöpfungsstrukturen in den Märkten komplett verändern.

Das Unternehmen Kodak wurde von uns bereits als Beispiel für Missmanagement und Fehleinschätzungen genannt. Kodak war Weltmarktführer für Filme. Wenn sich der Markt jedoch so verändert, dass Filme für die Breitenfotografie keine Relevanz mehr besitzen, dann ist auch die Strategie, größere Strukturen zu bilden, überhaupt nicht mehr gefragt.

Ein anderes Beispiel für eine typische Strategie, Marktführerschaft in einem Segment, impliziert, dass es keine bessere Marktpositionierung geben kann. Allerdings entsteht bei dieser strategischen Ausrichtung in der Praxis die Tendenz, den relevanten Markt immer enger zu definieren, um die strategischen Ziele zu erreichen. Wenn ein Unternehmen beispielsweise Marktführer bei langsam laufenden Dieselmotoren für Schiffe ist, stellt sich die Frage, wie man im Zeitalter disruptiver Veränderungen strategisch relevante Segmente definieren kann und welche Art von Strategie dann für die längerfristige Entwicklung bedeutsam ist.

Wenn die genannten Strategien an ihre Grenzen stoßen und ihre Bedeutung verlieren, besteht die Gefahr, dass die Organisation des Unternehmens ihre Zukunftsfähigkeit, Stabilität und Tragfähigkeit einbüßt. Aber ist es dann noch sinnvoll, das Unternehmen zu reorganisieren? Müssen nicht vielmehr Organisationsstrukturen gefunden werden, die eine flexible Reaktion auf neue Herausforderungen erlauben?

Ein weiterer Aspekt bei der Betrachtung ist, dass sich Analysten überwiegend auf bestehende Strategien und Geschäftsstrukturen konzentrieren und ihre Bewertungsmodelle nach bekannten Geschäftsbereichen und Geschäftsstrukturen entwickeln. Die Nachfrage auf dem Kapitalmarkt ist auf diese bestehenden und klar definierten Strukturen ausgerichtet.

9.2 Reorganisation braucht Zeit

Reorganisation ist ein gesteuerter, zeitraubender Prozess. Jede Reorganisation braucht Zeit, um beispielsweise konzeptionelle Vorarbeiten durchzuführen, die Abstimmung mit Stakeholdern zu realisieren, Stellenbeschreibungen auszuarbeiten, Mitarbeiter umzusiedeln und um die Administration in der Personalverwaltung oder Kommunikation nachzuziehen. Solche Prozesse dauern mindestens ein Jahr, häufig jedoch bis zu zwei Jahren.

Wenn ein Manager erkennt, wie zeitaufwendig seine Reorganisation in der Realität ist, dann ist er oftmals bestrebt, diese Zeit einzusparen. Daher verzichtet er häufig auf die saubere Top-down-Ableitung der Reorganisation. Gerne werden auch Sonderformen geschaffen, neue Abteilungen und Budgets werden eingerichtet, ohne die Konflikte mit der bestehenden Organisation zu klären oder zu lösen. Die daraus resultierende inhomogene Organisation wird akzeptiert, um schnell auf neue Entwicklungen reagieren zu können. Die Hoffnung liegt darin, dass entstehende Konflikte überlagert werden, ohne aktiv gelöst zu werden – eine nachhaltige Problemlösung würde zu viel Zeit kosten.

Wir formulieren deshalb die These: Konfliktlösungen und der damit einhergehende administrative Aufwand brauchen gleich viel Zeit wie Reorganisationen, bis sie funktionieren. Organisatorische Sonderformen sind daher keine nachhaltige Lösung der Zeitfalle.

9.3 Gestaltungsanspruch des Managements

Manager führen die Reorganisation durch, wobei es aus ihrer Sicht zulässig ist, dass in ausgewählten Bereichen Sonderformen implementiert werden. Das ist die Basis des Gestaltungsanspruchs des Managements. Wenn man sich fragt, was ein Manager in einem Unternehmen entscheiden kann, dann ist die Gestaltung der Organisation ein konstituierendes Merkmal der Managerfunktion. Der Gestaltungsanspruch umfasst aber auch Reversibilität, also die Organisation weiterzuentwickeln und von Zeit zu Zeit eine größere Reorganisation durchzuführen. Das Handeln des Managements umfasst nicht nur die Implementierung, sondern selbstverständlich auch die Gestaltung und die Veränderung der Organisation in der Zukunft. Entstehen immer mehr organisatorische Sonderformen, dann wird es zunehmend schwieriger, diese in das bestehende Organisationsraster zurückzuführen und die Entwicklung aktiv top-down zu gestalten. Die Ursache für diese Schwierigkeit liegt in der Heterogenität der Managementprinzipien für die Kernorganisation und für die Sonderformen hinsichtlich Budgetierung, Planung und Controlling, aber auch in der Heterogenität der Kulturen.

Ein Beispiel: Früher wurden Direktbanken außerhalb der Banken angesiedelt, weil sie eine andere Unternehmenskultur besitzen sollten als die Mutterhäuser. Später war es dann aus diesem Grund sehr schwierig, sie wieder mit diesen zu verbinden.

Eine Reorganisation impliziert, dass in einer Organisation nach einheitlichen Prinzipien und Spielregeln gearbeitet wird – es handelt sich um einen Organisationsverbund, der nach gleichen Grundsätzen arbeitet. Andernfalls entstünden Missgunst und Probleme bei der Budgetierung sowie bei der Kontrolle und bei Incentive-Systemen. Daher geht es bei übereinstimmenden Prinzipien innerhalb einer Organisation in der Regel recht harmonisch zu, denn ein Abteilungsleiter in einem Unternehmensbereich kann sich mit den Abteilungsleitern aus anderen Bereichen vergleichen und sich dementsprechend wiederfinden.

Die Notwendigkeit, schneller und agiler zu arbeiten, führt zu Druck auf das Management, andere Unternehmenskulturen als die etablierten zu fördern. Hinzu kommt die Notwendigkeit, mit neuartigen Methoden zu arbeiten. Das wird jedoch immer dann organisatorisch anspruchsvoll, wenn die neuen Formen und Sonderlösungen nach anderen Prinzipien funktionieren.

Das Management befindet sich aktuell in einer Gestaltungskrise, denn die Reorganisation als eines der wichtigsten Betätigungsfelder des Top-Managements wird zur Unmöglichkeit. Das Management als Teil der Organisation muss sich eventuell neu erfinden, weil der zentrale Anspruch der Gestaltung der Reorganisation in einer ambidextrischen Welt zunehmend unmöglich wird. Die informelle Organisation gewinnt dann an Bedeutung, und Entscheidungsprozesse laufen außerhalb der Linienorganisation. Die Frage stellt sich, welche Gestaltungsmöglichkeiten für einen Manager in dieser ambidextrischen Welt noch übrig bleiben.

9.4 Neue Aufgaben passen nicht in das bestehende Organisationsraster

Wenn man die Aufbau- und Ablauforganisation betrachtet, werden Unternehmen primär nach funktionalen Aspekten – wie beispielsweise Produktion, Verkauf, Service – oder nach Kundengruppen (zum Beispiel Privat- und Geschäftskunden) organisiert. Dabei stellt sich die Frage, welche Relevanz diese funktionalen Bereiche für die Zukunftsfähigkeit einer Organisation in traditionellen Unternehmen haben,

9 Organisatorische Sonderformen: Teil der Lösung oder Teil des Problems?

wenn es für die Wettbewerbsfähigkeit möglicherweise mehr auf das Kundenerlebnis oder auf Innovationsfähigkeit ankommt.

Wie verhält es sich, wenn ein Unternehmen als Kernprinzip innovativ sein möchte? Wenn es Flexibilität anstrebt, dem Kunden eine Erlebniswelt anbieten und Mitarbeiter agil führen möchte? Wie sind diese Strategien dann in konventionellen Organisationsrahmen zu verbinden?

Schauen wir uns einige global bekannte Unternehmen an: Uber verkauft Fahrten, ohne Autos zu besitzen, Airbnb vermietet Betten, ohne Hotels zu managen, Wikipedia vermittelt Wissen, ohne ein Buch zu sein.

Uber verkauft zwar Fahrten ohne eigene Autos, aber die Aufbauorganisation des Unternehmens ist bestimmt weder nach Fahrten noch nach Autos strukturiert, sondern folgt ganz anderen Managementprinzipien, ebenso sind Airbnb oder Wikipedia anders ausgerichtet.

Es stellt sich die Frage, ob klassische Funktionen überhaupt noch geeignet sind, um gegen die Anforderungen der neuen Wettbewerber zu bestehen. Passen die neuen Aufgaben überhaupt in das bestehende Organisationsraster?

An welchem Prinzip soll sich ein Unternehmen ausrichten? Soll es sich genauso wie die neuen Wettbewerber organisieren? Soll es neue Aufgaben in der alten Organisationsstruktur implementieren oder das Neue mit dem Bestehenden kombinieren und Sonderlösungen institutionalisieren?

Wenn die Ressourcen dabei gemäß dem Status quo in konventionellen Organisationsformen eingesetzt werden, dann werden diese alles tun, um das Bestehende erfolgreich zu gestalten. Sie werden dafür belohnt, das Traditionelle besonders gut zu machen. Die neuen Spielregeln und die neuen Aufgaben mit der bisherigen Organisation zu verbinden, ist daher extrem kompliziert.

Ein Beispiel aus der Tourismusbranche spiegelt die zukünftigen Herausforderungen wider: TUI, der weltweit führende Touristikkonzern, geht genau nach den bislang existierenden Geschäftsmodellen vor. Das Unternehmen bietet seit jeher Reisen zu Destinationen wie Spanien an. Bei TUI gibt es einen Einkauf für spanische Betten und Flugkapazitäten von und nach Spanien, wobei diese Leistungen in Pakete gebündelt werden, damit der Kunde möglichst viel Wertschöpfung über TUI bezieht. Aber ist so ein Organisationsmodell zukunftsfähig, wenn Airbnb ganz anders erfolgreich ist oder wenn Last-minute-Portale ein eindeutig stärkeres Wachstum an den Tag legen?

Wie kann man strategisch die Flexibilität bei Unternehmen wie TUI erhöhen, wenn die bestehende Organisation ganz anders ausgerichtet ist?

Eine Frage ist auch, wer innerhalb einer vorhandenen Organisation für das Aufgreifen zukünftiger Trends zuständig ist. Wie sollen neu aufkommende Innovationen im Unternehmen abgebildet werden? Wer soll sich darum kümmern, wenn der Einkauf eine klare Fokussierung auf Einkaufsfunktionen hat, die Produktion auf Produktionsthemen und der Vertrieb auf Vertriebsthemen? Wer greift die Innovation auf, und wer investiert Zeit und Ressourcen in Themen, die in den Incentive-Systemen der Bereiche überhaupt nicht abgebildet sind? Es gibt auch Innovationen, die den Incentive-Systemen komplett entgegenstehen, weil ein Einkaufsmanager danach beurteilt wird, gut einzukaufen, und ein Vertriebsmanager danach, wie gut der Vertrieb läuft. Wenn jemand streng nach den Incentive-Systemen arbeitet, hat er kein Interesse, das Neue entsprechend zu gestalten.

9.5 Rivalität der Organisationsformen

Auch eine unangenehme, aber menschliche Eigenschaft spielt häufig eine Rolle: Wenn man neue Organisationsformen wie DigiLabs betrachtet, dann ziehen diese sehr oft den Neid der bestehenden Organisation auf sich. Die neuen Einheiten werden in der Regel mit positiven Merkmalen beschrieben, sie gelten als zukunftsfähig, innovativ oder strategisch bedeutsam. Das sind typische Adjektive der Unternehmenskommunikation in diesem Kontext, und sie dienen dem Management mitunter als Rechtfertigung ihres Verhaltens gegenüber diesen Sonderformen.

Wenn man jedoch als Mitarbeiter nicht in einer neuen Organisationsform tätig ist, ist man dann automatisch weniger zukunftsfähig, weniger innovativ oder weniger strategisch bedeutsam? Wie fühlt sich der Mitarbeiter, der in einem konventionellen Bereich tätig ist, wenn die neuen Erscheinungsformen so positiv beschrieben werden?

In der Regel verfügen die neu eingerichteten Bereiche über andere Budgets, mehr Geld und Ressourcen sowie über deutlich mehr Freiräume in der Gestaltung. Manchmal

9 Organisatorische Sonderformen: Teil der Lösung oder Teil des Problems?

befinden sie sich auch in anderen Räumlichkeiten oder gar in Hotspots, wie die zahlreichen DigiLabs in Berlin zeigen. Wie wirkt all das auf die bestehende Organisation, wenn diese Bereiche Zeit, Geld und persönliche Ressourcen bekommen und in sehr modernen und trendigen Locations arbeiten?

Für viele in der alten Organisation wirken diese DigiLabs wie die Inkarnation des Unerreichbaren. Sie selbst müssen sparen, während die eigenen, vom Management vorgegebenen Regeln für die anderen nicht zu gelten scheinen.

Da Organisationen aus Menschen bestehen, existiert mitunter auch Neid und Missgunst, und es ist daher von besonderem Interesse, wie die Manager der ursprünglichen Organisationseinheiten auf die Sonderformen reagieren. Offen kann keiner sagen, dass er etwas dagegen hat, wenn ein DigiLab in Berlin aufgebaut wird, aber unterhalb der Oberfläche dieser offiziellen Kommunikation finden sich zwei verschiedene Verhaltensmuster.

Einerseits gibt es den aggressiv-offensiven Typus, der die neuen Einrichtungen nicht nur beobachtet, sondern auch torpediert, indem er versteckt Ressourcen abzieht. Die angestrebten Projekte werden nicht in entsprechenden Sprints oder Zeiträumen fertig. So wird die neue Einheit subversiv behindert.

In der Regel wird über diese Einheiten auch aktiv kommuniziert, insbesondere über deren Schwierigkeiten, zum Beispiel in Form von despektierlichen und negativen Äußerungen. Teilweise wird auch das eigene Ergebnis überbetont, beispielsweise indem herausgestellt wird, welchen Deckungsbeitrag der eigene Geschäftsbereich liefert, während die neuen Einheiten und DigiLabs nur Geld verbrennen und keine Profitabilität haben. Außerdem wird gern betont, dass die Neuen gar nicht nach den Unternehmensregeln, den Prinzipien oder den Kulturen der bestehenden Organisationen arbeiten. Es entsteht ein formaler und informeller Widerstand.

Neben dem aggressiv-offensiven Verhaltensmuster gibt es eine zweite Reaktion, die bei Managern zu beobachten ist. Sie ziehen sich frustriert zurück und fallen in ein passiv-defensives Verhaltensmuster. Sie sind enttäuscht, weil ihnen keine Wertschätzung entgegengebracht wird, wobei im Extremfall eine innere Kündigung entsteht. Bei diesem Typus ist auch eine externe Kündigung möglich, bei der der Betroffene das Unternehmen verlässt, weil er sich in der bestehenden Welt nicht mehr wohlfühlt.

9.5 Rivalität der Organisationsformen

Man darf nie vergessen, dass die Sonderlösungen fast immer temporär eingerichtet sind und sie perspektivisch mit der bestehenden Organisation zusammengeführt werden sollen. Dies gilt auch für die Mitarbeiter und Manager dieser Sonderformen, die ebenfalls wieder in die traditionelle Organisation zurückgeführt werden sollen. Aber wie soll kulturell später eine gedeihliche Integration stattfinden, wenn vorher Feindbilder aufgebaut wurden?

> **Zusammengefasst:** !
>
> *Der Kernanspruch des Managements eines Unternehmens besteht darin, die Organisation des Unternehmens nach einheitlichen Prinzipien zu bestimmen und vorzugeben. Dabei gilt idealerweise »structure follows strategy«. Bei neuen strategischen Herausforderungen geht es darum, die Organisation im Sinne einer Reorganisation weiterzuentwickeln. Reorganisation braucht immer sehr viel Zeit, denn die Organisation per se ist träge und die Aufgabe komplex. In einem sich zunehmend schneller wandelnden Umfeld steht diese Zeit nicht mehr zur Verfügung, und die typische Einheitlichkeit der Organisationsprinzipien gerät unter Druck. Aufgrund der Zunahme der unternehmerischen Komplexität verliert der Gestaltungsanspruch des Managements entsprechend an Einflussmöglichkeit. Neue innovative Aufgaben passen nicht in das bestehende Organisationsraster, denn es gibt zwar funktionale Zuständigkeiten, jedoch keine Zuständigkeit für Innovationen außerhalb des traditionellen Geschäftsmodells. Da Menschen dabei nicht indifferent sind, entsteht oftmals eine Rivalität, wenn die neuen Organisationsformen tatsächlich oder vermeintlich mit Privilegien ausgestattet sind.*

Praxistipps:

Nach welchem Prinzip ist die traditionelle Organisation aufgebaut? Gibt es eine Zuständigkeit für Innovationen außerhalb der Bereiche, auf die die Organisation ausgerichtet ist? Inwieweit sind die neuen Organisationsformen bereits in separaten Einheiten zusammengefasst? Gibt es eine funktionierende Vernetzung zwischen den bestehenden Organisationseinheiten und den Sonderformen? Wenn ja: Handelt es sich dabei um eine formelle oder eine informelle Vernetzung? Gelten für die herkömmliche Organisation und die neuen Organisationsformen die gleichen Regeln, und gibt es identische Muster in der internen und externen Unternehmenskommunikation?

10 Strategie: Von der Unmöglichkeit einer stabilen Unternehmensstrategie

> »The biggest risk is not taking any risk ... In a world that is changing really quickly, the only strategy that is guaranteed to fail is not taking risks.«
> Mark Zuckerberg, Gründer & CEO von Facebook

Der Begriff *Strategie* kommt in der Welt von Wirtschaft und Unternehmen recht häufig vor, und nach unserer Erfahrung in ganz unterschiedlichen Bedeutungen. Wir legen daher zunächst dar, welche Bedeutung die Strategie aus unserer Sicht für ein Unternehmen besitzt.

Die Unternehmensstrategie beschreibt grundsätzlich die langfristige Ausrichtung eines Unternehmens. Sie weist dabei folgende Merkmale auf:
1. Die Strategie verwendet qualitative Beschreibungen, nicht quantitative.
2. Die Strategie ist nicht auf einen fixen Zeithorizont von beispielsweise drei oder fünf Jahren ausgerichtet, sondern hat prinzipiell eine langfristige oder sogar nicht festgelegte Dauer, d.h., dass sie nicht mit einem konkreten Jahresdatum verbunden ist.
3. Die Strategie gibt eine Ausrichtung für das Unternehmen vor, ohne ganz präzise Ziele zu benennen. 100 Millionen Euro Umsatz anzustreben, ist nach unserem Verständnis keine Strategie, sondern eine derartige Aussage gehört in die Welt der Unternehmensplanung.
4. Eine Strategie ist spezifisch genug, um eine Ausrichtung der Geschäftsbereiche zu ermöglichen. Sie muss eine gewisse Konkretisierung haben. Beispielsweise verfolgte General Electric (GE) in der Vergangenheit bekanntermaßen die Strategie, die Nummer 1 oder 2 in jedem seiner Geschäftsbereiche zu sein.
5. Die Unternehmensstrategie muss geeignet sein, als Leitplanke für die mittel- und langfristige Unternehmensplanung zu dienen. Abgeleitet aus der Strategie muss es möglich sein, Eckpunkte für die quantitative Unternehmensplanung zu formulieren und dementsprechende Vorgaben zu liefern.

10 Strategie: Von der Unmöglichkeit einer stabilen Unternehmensstrategie

6. Strategie muss auch einen differenzierenden Faktor im Vergleich zu den Wettbewerbern innerhalb des Marktes beinhalten. Es muss in der Strategie eine Marktrelevanz geben – und nicht nur eine auf sich ausgerichtete, selbstbezogene Dimension.
7. Eine Unternehmensstrategie muss alle diese Elemente 1 bis 6 beinhalten, nicht nur eins oder einige der genannten.

Insofern handelt es sich bei einer Strategie um ein relativ komplexes Konstrukt, das nicht einfach zu formulieren ist.

Praxisbeispiel

Das oben erwähnte GE-Beispiel mit der Marktposition als Nummer 1 oder 2 für die einzelnen Geschäftsbereiche dient oft als Klassiker einer Unternehmensstrategie. Diese Strategie besitzt eine klare und positive Zielvorgabe und zwar nicht nur für das Gesamtunternehmen, sondern auch für jeden einzelnen Geschäftsbereich. So weiß jeder Geschäftsfeldmanager, was er strategisch erreichen soll. Die GE-Strategie formuliert ihr Ziel auch qualitativ, jedoch ist in der Strategie nicht vorgegeben, in welcher Geschäftsdimension die erste oder zweite Position erreicht werden soll. In der Regel wird man Bezug auf Umsatzgrößen nehmen, aber es bleibt nicht genau spezifiziert, was Nummer 1 oder 2 konkret bedeutet.

Ein weiteres Problem stellt bei genauerer Betrachtung die Vorgabe dar, die Nummer 2 sein zu wollen, weil kein Abstand zum Marktführer mit enthalten ist. Nummer 2 ist nur eine Pseudo-Quantifizierung, denn strategisch sinnvoll ist diese Vorgabe nur, wenn man dennoch eine klare und führende Position einnimmt. Nur die Nummer 2 in einem Markt zu sein, bedeutet, in Wirklichkeit ein Me-too-Anbieter zu sein, ohne echte strategische Vorteile gegenüber der marktführenden Nummer 1.

Nach diesem Praxisbeispiel diskutieren wir als nächstes die vier wichtigsten Merkmale einer Unternehmensstrategie mit Blick auf ihre Bedeutung vor dem Hintergrund neuer Technologien und disruptiver Veränderungen im Unternehmensumfeld und in der dadurch entstehenden ambidextrischen Organisation.

10.1 Erstes Merkmal: Strategie ist qualitativ

Durch die wachsende Veränderungsgeschwindigkeit und die damit zunehmende Vielfalt wird die qualitative Formulierung einer Strategie scheinbar einfacher. Der Manager ist in der Strategiefindung dazu verleitet, sich auf allgemeine und qualitative Positionen zurückzuziehen, um auf operative Zielformulierungen nicht eingehen zu müssen. Mit anderen Worten: Er setzt auf generelle Formulierungen, weil er Schwierigkeiten damit hat, das geforderte Konkrete zu formulieren. Weil die Rate der Veränderungen sehr hoch ist, liegt die Versuchung nahe, eine allgemeingültige und wohlklingende Phrasierung zu nutzen. Ein Beispiel für eine zu allgemeine Formulierung ist der frühere Slogan »Das Auto« von Volkswagen. Die strategische Intention besteht offenbar darin, das Auto in den Mittelpunkt zu stellen. Allerdings enthält diese allgemeine Aussage keinerlei Hinweise darauf, welche der zurzeit kritischen strategischen Entwicklungen verfolgt werden sollen: Elektromotoren, Batterien, neue Ownership-Modelle, Mobilität – oder gar alle zusammen?

10.2 Zweites Merkmal: Strategie besitzt eine Fristigkeit

Die Anforderung der Fristigkeit stellt aus unserer Sicht das Kernproblem der Strategieformulierung in einem dynamischen Unternehmensumfeld dar. Die Strategie muss einerseits einen langfristigen Orientierungsrahmen bieten, und gleichzeitig muss das Unternehmen auch auf zunehmend kurzfristige Veränderungen des Marktes reagieren können. Dieses Spannungsfeld lässt sich nur mit Schwierigkeiten auflösen.

Die Strategie als stabiler Orientierungsrahmen verliert in dem sich dynamisch wandelnden Umfeld zwangsläufig an Bedeutung, weil man die Strategie nicht langfristig formulieren kann, wenn die kurzfristigen Veränderungen die Strategie aushöhlen und obsolet werden lassen. Wir beobachten, dass deshalb Strategie leicht zu einer Vision mutiert und durch diese ersetzt wird. Der Top-Manager muss sich dann neu erfinden und wird vom Strategen, der eine langfristige Leitplanke für das Unternehmen zu definieren hat, entweder zum Visionär mit gesteigertem globalen Denken oder zum Mikro-Manager auf operativer Ebene. Dazwischen wird der Platz eng, wenn Strategien an Bedeutung verlieren oder komplett überflüssig werden.

10.3 Drittes Merkmal: Strategie als Grundlage der Ausrichtung von Geschäftsbereichen

Eine gute Strategie soll einen Orientierungspunkt für die einzelnen Geschäfts- und Unternehmensbereiche vorgeben. Sie definiert, was wichtig ist und was weniger wichtig ist und was man dementsprechend verfolgen sollte und was nicht. Diese Top-down-Vorgabe der Grundlagen und der Ausrichtung von Geschäftsbereichen basiert auf zwei Voraussetzungen.

Erstens muss die Vorgabe generell gültig und entsprechend stabil sein. Beide Merkmale sind in Zeiten des dynamischen Wandels nicht gegeben. Jeder Bereich hat seine eigenen wettbewerblichen Voraussetzungen, und die sind möglicherweise in den einzelnen Wertschöpfungselementen der jeweiligen Geschäftsbereiche sehr unterschiedlich. Wenn sich diese Wertschöpfungsstufen und die Wettbewerbsbedingungen innerhalb der einzelnen Wertschöpfungsstufen verändern, ist es zunehmend schwierig, eine Unternehmensstrategie als Grundlage für die Ausrichtung einzelner Geschäftsbereiche zu definieren.

Außerdem können wir heute nicht sagen, wie in drei Jahren der Wettbewerb in den Wertschöpfungsstufen und den Wertschöpfungselementen aussehen wird. Man kann aus permanenten Veränderungen keine Stabilität ableiten.

10.4 Viertes Merkmal: Differenzierender Faktor zum Wettbewerb

Die einfachste Kategorie eines strategisch differenzierenden Faktors bezieht sich auf die Kundenperspektive. Wie erlebt der Kunde das Unternehmen, und wie unterscheidet es sich von anderen am Point of Sale? Gibt es Merkmale, die nur dieses Unternehmen dem Kunden bieten kann, und sonst kein Wettbewerber? Falls dies zutrifft, ist dieser differenzierende Faktor in der Regel das Kernelement des Kundenerlebnisses und der Kaufentscheidung. Gleichzeitig bildet dieser differenzierende Faktor auch einen wichtigen Orientierungsrahmen für die Mitarbeiter des Unternehmens. Damit mutiert er zum zentralen strategischen Merkmal. Um diese strategische Bedeutung zu erlangen, muss der differenzierende Faktor Stabilität aufweisen – auch in Zeiten disruptiver Veränderungen. Die Unterscheidungsmerkmale zum Wettbewerb müssen sich trotz Veränderung des Umfelds langfristig manifestieren.

10.5 Beispiele für den Bedeutungsverlust von Unternehmens-Claims

BMW umschreibt marktseitig mit dem Claim »*Freude am Fahren*« seine Strategie. Wie verhält es sich mit der Stabilität und dem differenzierenden Faktor in Zeiten des autonomen Fahrens und der Shared Economy, in der das individuelle Fahren anderen Werten (wie dem gemeinsamen Erlebnis) untergeordnet ist? Ist Freude am Fahren in dieser veränderten Welt überhaupt noch ein differenzierender Faktor, wenn wir möglicherweise in zehn oder 20 Jahren gar nicht mehr selber fahren, sondern vom Auto gefahren werden?

Ein weiteres Beispiel ist der Bayer-Konzern, der seinen Wandel zu mehr Nachhaltigkeit im Rahmen des Leitmotivs »*Science for a better life*« in aller Öffentlichkeit dargestellt hat.

Was genau bedeutet in diesem Kontext *better life*? Verstehen wir heute, dass *better life* Ertrag und Ökologie voneinander abgrenzen soll? Was ist mit *better life* in einer zunehmend multikulturellen Gesellschaft national und international gemeint, in der ökologische Aspekte immer wichtiger werden? Heute wird *better life* möglicherweise im Unternehmen Bayer, aber auch am Markt unterschiedlich interpretiert und bewertet. Wie wird es in der Zukunft sein, wenn Veränderungen und Heterogenität zunehmen? Ist das Verständnis von *better life* als Konsequenz nur noch individuell interpretierbar und genau deshalb kein genereller Orientierungsrahmen mehr?

Als drittes Beispiel stellen wir den FC Barcelona vor, einen Fußballclub, der in seinem Kerngeschäft auf dem Rasen extrem erfolgreich ist. Er unterscheidet sich in seiner Spielanlage bereits deutlich von anderen Vereinen und versucht dennoch, mit dem strategischen Claim »*More than a club*« einen differenzierenden Faktor aufzubauen. Selbst ein Fußballclub hat das Bestreben, wie ein Wirtschaftsunternehmen einen differenzierenden Kern in seiner Unternehmensstrategie zu implementieren. Stellen Sie sich vor, Sie sollten diese Strategie umsetzen. Sie wissen, dass Sie die Digitalisierung einführen müssen, sonst verlieren Sie den Anschluss an jugendliche Kundensegmente und begeben sich statt in die Internationalisierung ins lokale Abseits. Leider gibt Ihnen der Slogan keinerlei Hinweise, auf welche Startaufstellung Sie für die Reise in die Digitalisierung setzen sollen, denn egal, was Sie anpacken, es ist immer »*More than a club*«. Die generelle Gültigkeit ist zwar erreicht, allerdings für den Preis der Irrelevanz.

10 Strategie: Von der Unmöglichkeit einer stabilen Unternehmensstrategie

Im dritten Teil des Buches zeigen wir auf, wie sich die Unternehmensstrategie einerseits über die Vision und andererseits über die operative Geschäftsplanung auflösen lässt.

! Zusammengefasst:

Die konstituierenden Merkmale einer Unternehmensstrategie bestehen unter anderem in ihrer qualitativen und langfristigen Formulierung, sodass sich das Gesamtunternehmen, aber auch die einzelnen Geschäftsbereiche daran ausrichten können. Darüber hinaus muss die Strategie bezüglich der Marktpositionierung des Unternehmens einen differenzierenden Faktor gegenüber dem Wettbewerb formulieren, der ebenfalls nur über einen längeren Zeitraum wirksam wird. War es schon immer eine anspruchsvolle Aufgabe, eine Strategie zu formulieren, werden in Zeiten disruptiver Veränderungen und des dramatischen Anstiegs der Wettbewerbsintensität auf der Ebene einzelner Wertschöpfungsstufen diese Anforderungen zu einer Unmöglichkeit. Damit wird die Funktion der Strategie jedoch nicht obsolet. Die Wirksamkeit der Strategie muss über andere Instrumente erreicht werden.

Fazit: Definition und Entwicklung einer Unternehmensstrategie sind für sich schon immer sehr herausfordernd gewesen. In Zeiten starker Veränderungen wird diese Aufgabe noch schwerer. Einigen Managern scheint die Entwicklung einer Strategie in disruptiven Zeiten vielleicht sogar unmöglich zu sein.

Praxistipps:

Wir vermuten, dass es in Ihrem Unternehmen bereits heute keine Strategie gibt, die allen von uns diskutierten Anforderungen gerecht wird. Das ist nämlich in fast keinem Unternehmen der Fall. Führen Sie die strategischen Aussagen, die es in Ihrem Unternehmen gibt, an unserem Definitionsraster entlang. Wenn Sie dabei auf Lücken in Ihrer Strategie stoßen, untersuchen Sie näher, warum das so ist. Welches differenzierende Merkmal besitzt Ihr Unternehmen am Point of Sale? Welche Teile des Unternehmens tragen unmittelbar dazu bei, dass der differenzierende Faktor am Point of Sale zum Tragen kommt? Welche Aussagen macht Ihre Unternehmensstrategie zu diesen Unternehmensteilen? Funktioniert die Strategie als richtungsweisende Leitplanke für diese Unternehmensbereiche?

11 Unternehmenskultur: Durch die heterogenen Organisationsformen auf dem Prüfstand

Eine Unternehmenskultur verschwindet nicht einfach, nur weil es neue Organisationsformen gibt, sondern sie wird sich automatisch durch die Ergänzung von Unternehmensformen verändern – wie, das beschreibt dieses Kapitel. Aber was zeichnet überhaupt eine Unternehmenskultur aus, und was sind ihre Merkmale?

1. Die Kultur bildet einen gesetzten Orientierungsrahmen innerhalb eines Unternehmens und erhebt den Anspruch, zu unterscheiden, was innerhalb des Unternehmens gewünscht ist und was nicht. Somit will sie das Verhalten prägen, das Mitarbeiter im persönlichen Umgang an den Tag legen. Die Unternehmenskultur bildet einen Orientierungsrahmen für das Handeln des einzelnen Mitarbeiters mit Grenzen oder Vorgaben, aber auch für den Umgang mit Externen, Kunden oder Lieferanten.
2. Ein weiteres Merkmal der Unternehmenskultur besteht darin, dass das Management eine Vorbildfunktion besitzt, denn das Verhalten der Menschen im Unternehmen bildet sich vom Top-Management über die Führungskräfte in die Organisation hinein. Das Vorbild des Managements ist für die Unternehmenskultur von zentraler Bedeutung, man spricht auch vom »Tone from the Top« und meint damit die Art und Weise, wie das Top-Management mit Themen umgeht. Der »Tone from the Top« soll sich ausprägen durch gelebtes – oder bei Fehlverhalten sanktioniertes – Verhalten von Mitarbeitern.
3. Häufig besteht für die Unternehmenskultur auch eine formalisierte Grundlage – in größeren Unternehmen meistens in der Gestalt ausformulierter Value Statements. Deren Inhalte sind nicht einfach zu formulieren. Einerseits müssen sie allgemein gehalten werden, andererseits müssen sie relevant und für das Unternehmen spezifisch genug und differenzierend sein. Der alleinige Bezug auf die Einhaltung von Gesetzen oder Compliance-Vorgaben stellt eine Selbstverständlichkeit in den Fokus, hat wenig Relevanz im Tagesgeschäft, ist auch nicht differenzierend und daher in Value Statements grundsätzlich fehl am Platze.
4. Zudem ist die Unternehmenskultur ein konstituierendes Merkmal für jedes Unternehmen. Sie ist eine Art DNA, wobei es keine Rolle spielt, ob sie top-down gestaltet ist oder sich bottom-up entwickelt hat. Unternehmenskultur ist immer vorhanden und lässt sich nicht ausschalten.

5. Unternehmenskultur ist erlebbar. Sie zeigt sich jeden Tag und jeden Moment in ihrer Ausprägung, beispielsweise darin, wie der Vorgesetzte mit einem Mitarbeiter spricht.
6. Universalität ist ein weiteres Merkmal der Unternehmenskultur, denn sie gilt für alle Bereiche und jeden Mitarbeiter eines Unternehmens. Sie ist dadurch omnipräsent und gilt für jeden, weshalb sich keiner entziehen kann.

Kultur ist ein nur teilweise formalisiertes Element, aber sie charakterisiert jederzeit eine Organisation. Daher ist es fundamental wichtig, zu beobachten, wie sich die Unternehmenskultur im Rahmen einer neuen Organisationsrealität verändert. Wie verändert sich die DNA eines Unternehmens, wenn in diesem neue Rahmenbedingungen vorhanden sind und ungewohnte Einflüsse auf die Organisation wirken?

Wie beschrieben, sagt die Kultur etwas darüber aus, wie mit Mitarbeitern, Kunden und Lieferanten umgegangen wird oder wie Entscheidungen im Unternehmen getroffen und umgesetzt werden. Im Gegensatz zur Strategie bleibt die Kultur grundsätzlich erhalten, sie kann nicht verschwinden, sie kann sich allenfalls wandeln. Daher ist es besonders wichtig, zu fragen, wie sich Unternehmenskulturen im Licht der neuen Organisationsrealitäten verändern.

Für die Beschreibung dieser Veränderung reflektieren wir die einzelnen Merkmale von Unternehmenskultur vor dem Hintergrund neuer Organisationsrealitäten und veränderter Rahmenbedingungen von Unternehmen.

11.1 Unternehmenskultur als Orientierungsrahmen

Unternehmen werden unverändert einen kulturellen Orientierungsrahmen haben, wobei Führungskräfte diesen bewusst oder unbewusst vorleben werden. Nach wie vor wird es immer auch eine Form der Interaktion im Umgang mit Mitarbeitern, Kunden und Lieferanten geben.

Die Definition des Orientierungsrahmens, was gewünscht oder unerwünscht ist, wird schwieriger, wenn man den Wandel von einer monodextrischen in eine ambidextrische oder gar multidextrische Kultur vollzieht.

Wenn man beispielsweise an die Gründung von Direktbanken in den 1980er und 1990er Jahre denkt, die bewusst außerhalb der bestehenden Bankenwelt aufgestellt wurden, um eine andere Unternehmenskultur zu realisieren, erkennt man, dass es nicht nur ökonomische Aspekte für die organisatorische Diffusion gab. Wir beobachten heute, dass agile Vorgehensweisen und Sonderlösungen wie DigiLabs dazu führen, dass sich eine ganz andere Kultur entwickelt. Man kann davon sprechen, dass es wiederum kulturelle Gründe sind, die heute dazu führen, dass DigiLabs gegründet werden. In diesen möchte man agiler handeln, dynamischer und unternehmerischer vorgehen, weniger hierarchisch arbeiten. Die neuen Organisationsformen sind eine Inkarnation der kulturellen Differenz.

Damit entsteht aus einem eher monolithischen Unternehmensrahmen durch die organisatorische Diffusion eine kulturelle Diffusion. Vielleicht hat man das bei den Entscheidungen gar nicht vollständig überblickt, aber es wird klar, dass die organisatorische Diffusion auch ungewollte Entwicklungen und Konsequenzen für die ganze Unternehmenskultur mit sich bringt.

11.2 Vorleben und Sanktionieren im Rahmen der Unternehmenskultur

Unternehmenskultur muss, wie bereits beschrieben, im Unternehmen erlebbar sein, durch aktives Vorleben des gewünschten oder durch Sanktionierung des ungewünschten Verhaltens vonseiten des Top-Managements und der Führungskräfte. Gelebte Unternehmenskultur bedeutet, dass unerwünschtes Verhalten von den Führungskräften aufgegriffen werden muss und nicht toleriert werden darf.

Dieser Mechanismus setzt aber das persönliche Erleben voraus. Mitarbeiter müssen das gewünschte Verhalten beobachten oder auch als Betroffene erlebt haben können, um ihre Erfahrung auf das eigene Handeln zu übertragen. Das gilt auch für den Umgang mit externen Kontakten wie Kunden, Lieferanten oder Dienstleister.

Es ist ganz essenziell, dass Mitarbeiter ihre Führungskräfte erleben und sehen, wie das Top-Management mit bestimmten Situationen umgeht, da das beobachtete Verhalten von Vorbildern ganz explizit das eigene Handeln in vergleichbaren Situationen prägt.

11 Unternehmenskultur: Durch die heterogenen Organisationsformen auf dem Prüfstand

Das Verhalten von Vorgesetzten wird sich in der neuen Organisationswelt jedoch vermutlich in aller Regel nicht verändern. Ganz im Gegenteil, denn viele Top-Manager sind geprägt worden durch die Erfolge der Vergangenheit, welche die Sinnhaftigkeit und Richtigkeit des eigenen Handelns stärken und nicht etwa infrage stellen.

Wenn das Unternehmen jedoch die vertikale Organisationsstruktur zunehmend verlässt und die Einbindung von Mitarbeitern in diese vertikale Organisation abnimmt, während immer mehr multiple Organisationsformen entstehen und die Mitarbeiter in diesen unterwegs sind, dann verliert die Führungskraft ihre Rolle als Vorbild auch im Sinne eines persönlichen und konkreten Vorlebens. Die sich verändernde Kontaktfrequenz führt beim Entstehen verschiedener Organisationsformen dazu, dass Vorleben und Sanktionieren nicht mehr so wirksam sind wie in der Vergangenheit.

Die Frage stellt sich, nach welcher Kultur die neuen Organisationsformen leben. Welche Kultur nimmt sich das DigiLab zum Vorbild, wenn das richtige oder falsche Verhalten der Mitarbeiter nicht mehr zu beobachten ist? Wie soll alles entsprechend funktionieren?

Ist es beispielsweise in Ordnung, sich zwischen verschiedenen Rollen zu verstecken und weniger zu arbeiten, weil die Vorgesetzten nicht mehr alles überblicken können? Was ist dann die richtige Kultur und das richtige Verhalten? Wird in diesen Organisationsformen das Richtige und das Falsche in die Beliebigkeit des Mitarbeiters gestellt, wenn sie die Verhaltensweisen des Top-Managements nicht mehr beobachten können? Das wäre das Ende der Unternehmenskultur als Gestaltungsauftrag für das Management.

11.3 Value Statements als Kodifizierung der Unternehmenskultur

Die Notwendigkeit eines Value Statements, also einer verschrifteten Beschreibung von Zielen und Merkmalen der Unternehmenskultur, bleibt auch in der neuen Organisationsrealität unverändert bestehen. Egal welchen Organisationsaufbau ein Unternehmen wählt, es macht Sinn, schriftlich zu dokumentieren, welche Unternehmenskultur man innerhalb eines Unternehmens implementiert haben möchte. In der neuen Organisationsrealität und dem neuen Umfeld stellen sich daher dann die Fragen, ob es hier einen entsprechenden Anpassungsbedarf gibt oder wie diese Value

Statements in dem neuen Kontext auszugestalten sind. Es scheint trivial, aber in einem heterogenen Umfeld wird die allgemeine Beschreibung dieser Kultur, die relevant ist und für alle Mitarbeiter Gültigkeit haben muss, zu einer zunehmend schwierigen Aufgabe. Sie darf einerseits nicht zu abstrakt sein, andererseits aber auch nicht in Beliebigkeit abdriften, was in heterogenen Welten zunehmend schwieriger wird.

Die Value Statements der Vergangenheit kommen oftmals aus einer statischen und monolithischen Welt und wurden häufig auch in deren Kontext geschrieben. Dementsprechend bestehen sie auch schon seit längerer Zeit. Die Gefahr besteht darin, dass diese Value Statements aus der Vergangenheit nicht mehr die Heterogenität des Gesamtunternehmens abbilden. Mitarbeiter meinen dann, dass diese überwiegend für das Kerngeschäft gelten mögen, aber nicht mehr für digitale Projekte. Dadurch verlieren die Value Statements in ihrer herkömmlichen konkreten Ausprägung und Formulierung an Relevanz und Glaubwürdigkeit.

Die Lösung dieses Problems wird darin bestehen, die Vision auf die konkreten Kernelemente der DNA eines Unternehmens auszurichten. Diese Kernelemente werden sich dann auch stärker auf das innerbetriebliche Miteinander zwischen Führungskraft und Mitarbeitern, auf den Kunden oder das Verhalten in der Öffentlichkeit konzentrieren. Es ist zu erwarten, dass man sich fragen wird, was wirklich die DNA eines Unternehmens ist. Vermutlich wird man aufgrund der Unmöglichkeit, ein konkretes Verhalten in allen Unternehmensbereichen – sei es konventionell oder innovativ – zu implementieren, auf die Kernelemente des Umgangs abzielen.

11.4 Kultur als konstituierendes Merkmal jedes Unternehmens

Die Erfolgsfaktoren und Key Performance Indicators der verschiedenen Unternehmensbereiche differieren zunehmend. Für den Bereich Innovation haben wir bereits beschrieben, dass sich die Wertschöpfungsketten insgesamt verändern, dass aber auch die einzelnen Elemente einer Wertschöpfungskette Veränderungen unterliegen. Bei dieser Beschreibung erkennen wir, dass die Erfolgsfaktoren in Unternehmensbereichen vermehrt divergieren. So werden beispielsweise Betriebe noch stärker in Richtung Kosten und Effizienz gemanagt, Produkte werden noch weiter nach Innovationsgrad und Differenzierung beurteilt, Produktionsbereiche müssen sich nach Qualität, Lieferung und Kosten ausrichten und der Vertrieb nach Net Promoter Scores.

11 Unternehmenskultur: Durch die heterogenen Organisationsformen auf dem Prüfstand

Um in allen diesen Funktionen erfolgreich zu sein, bilden sich immer mehr wertschöpfungsgetriebene Silos mit eigenen Kulturen aus. So denken Vertriebler häufig ganz anders als Rechnungswesen-Spezialisten oder Produktionsexperten.

Neu ist, dass der wachsende Wettbewerbsdruck neben Innovationen die kulturellen Eigenarten in den Unternehmensfunktionen tendenziell verstärken wird. Es wird demnach aus der Perspektive Unternehmenskultur noch wichtiger, eine ganz spezifische Antwort in Wettbewerb, Produktion und Vertrieb zu finden. Das wird auch die kulturellen Eigenheiten in diesen Teilfunktionen beeinflussen. Allerdings wird die Einheitlichkeit der Kultur gefährdet, wenn die Besonderheiten der Silos zum Erfolgsfaktor werden. Vertriebler können sich beispielsweise nur noch von Wettbewerbern abheben, wenn sie ihre spezifische Vertriebskultur pflegen und weiterentwickeln, da sie sonst ihren unterscheidenden Faktor verlieren. Durch den Wettbewerb werden sie getrieben, noch differenzierter und noch spezifischer zu sein, und möglicherweise orientieren sich dann die einzelnen Funktionsbereiche zunehmend stärker an den Anforderungen des Wettbewerbs als an den Gemeinsamkeiten des Mutterhauses.

Diese Entwicklung zeigt sich auch im Bereich des Recruitings. Wieso soll ein Mitarbeiter zu Unternehmen A statt zu Unternehmen B gehen? Wird er sich für das ganz Besondere entscheiden oder für das Beliebige, das er auch in anderen Unternehmen findet? Aber kommt ein Mitarbeiter nicht gerade wegen einer besonderen Kultur des konkreten Arbeitsumfelds? Werden Unternehmensbereiche nicht gerade dadurch dazu verleitet, das Besondere hervorzuheben, zu pflegen und spezifische Subkulturen zu entwickeln?

Projiziert man das auf die Manager, erkennt man schnell, dass diese häufig versuchen, sich mit einer andersartigen Kultur in ihrem Verantwortungsbereich von anderen Kollegen im innerbetrieblichen Konkurrenzkampf zu differenzieren. Der Wille und die persönliche Motivation der Führungskräfte sind vorhanden, ihre Besonderheiten zu pflegen und zu implementieren.

Das ist besonders dann nachvollziehbar, wenn man sich selbst die Frage stellt, ob man als Führungskraft lieber das Besondere oder das Beliebige einstellen würde. Intensiverer Wettbewerb am Markt oder innerhalb eines Unternehmens wird also auch immer direkt zu einer stärkeren Diffusion der Kulturen führen.

11.4 Kultur als konstituierendes Merkmal jedes Unternehmens

Zusammengefasst: !

Wir haben in anderen Kapiteln beschrieben, wie Organisationsformen sich verändern und Teil des Problems anstatt Teil der Lösung werden. Es ist auch davon auszugehen, dass Unternehmensstrategie als Gestaltungsauftrag des Managements an Bedeutung verliert. Dagegen bleibt die Unternehmenskultur als Merkmal und Gestaltungsauftrag jedoch grundsätzlich erhalten und steht damit im Gegensatz zu anderen zentralen Elementen eines Unternehmens. Die Unternehmenskultur kann zwar nicht verschwinden, sie muss sich jedoch weiterentwickeln. Dabei muss sie sich inhaltlich auf die Kernelemente der DNA eines Unternehmens konzentrieren, um ihre Allgemeingültigkeit und ihre Relevanz zu erhalten. Die Unternehmenskultur als möglicherweise alleiniges verbindendes Element eines zunehmend divergierenden Gesamtunternehmens nimmt an Bedeutung zu und wird damit zum zentralen Gestaltungsauftrag für das Management.

Praxistipps:

Falls es in Ihrem Unternehmen ein schriftliches Value Statement gibt, können Sie prüfen, ob es den Anforderungen nach Relevanz und Differenzierung genügt. Welche Elemente im Value Statement charakterisieren ganz spezifisch Ihr Unternehmen und welche sind eher allgemeingültig gehalten (beispielsweise, weil sie auf Gesetzeskonformität abzielen)? Wie würden Sie die DNA Ihres Unternehmens beschreiben? Den »Tone from the Top«? Gibt es auch in Ihrem Unternehmen kulturelle Nischen, in denen ein abweichender Kulturanspruch besteht (vgl. die Ausführungen zu DigiLabs)? Woran lässt sich das Abweichende festmachen? Inwieweit bestimmt die Unternehmenskultur das Recruiting Ihres Unternehmens?

Teil C: Wie die Erfolgsstrategien für Unternehmen und den Einzelnen aussehen

12 Wandel der Erfolgsparadigmen im Management von Unternehmen

In diesem Buch haben wir bisher dargestellt, dass starke Kräfte den Status quo infrage stellen. Und wir haben beschrieben, dass viele Konzepte der Vergangenheit damit ebenfalls obsolet sind. Das Althergebrachte muss hinterfragt werden. Nun gibt es in jedem Unternehmen wie auch in der Betriebswirtschaftslehre und in der Managementliteratur die Überzeugung, dass bestimmte Faktoren der Unternehmensrealität wichtiger sind als andere, dass sich ein Unternehmen darauf konzentrieren sollte, eine bestimmte Anzahl dieser Aspekte gut zu managen. Diese Aspekte nennen wir Erfolgsparadigmen. Unternehmen managen diese, weil sie implizit oder explizit glauben, dass sie für ihren unternehmerischen Erfolg von besonderer Bedeutung sind. In diesem Kapitel werden wir darstellen, welche Erfolgsparadigmen zukünftig relevant sind und worin diese sich von den hergebrachten Erfolgsparadigmen unterscheiden. Damit skizzieren wir zugleich ein Change-Programm für die Organisation. Der Grundgedanke dabei ist, dass eine bestehende Organisation meistens bereits vorliegt und es keinen Sinn macht, diese Organisation als solche infrage zu stellen oder komplett neu aufzubauen. Das wäre nicht erfolgsversprechend, weil dieser Prozess viel zu lange dauert und zu anspruchsvoll ist.

Dagegen ist ein ausgewähltes Programm des Wandels zielführend, wenn wir überlegen, was die wesentlichen Merkmale des Unternehmens sind, was das Unternehmen ausmacht und an welchen Elementen eines Unternehmens Anpassungen vorgenommen werden müssen. Wir sehen diesen Weg als viel erfolgsversprechender an, als ein Unternehmen komplett abzureißen und danach wieder neu aufzubauen.

Wir konzentrieren uns für unsere Darstellung auf neun Paradigmen, die den Wandel im Management und Unternehmen illustrieren. Wenn man sich diese Paradigmen anschaut, wird noch einmal deutlich, dass sich das Unternehmensumfeld wandelt und sich der Grad der Veränderung und der Geschwindigkeit gegenüber früher deutlich steigert. Die tief greifenden Veränderungen treffen dabei auf Manager und Mitarbeiter, die oftmals Erfolg mit der Art gehabt haben, wie sie gewesen sind und agiert haben. Der persönliche Erfolg in der Vergangenheit bestätigt Manager und Mitarbeiter in ihrem Tun, aber die Frage ist, ob die Erfolgsparameter der Vergangenheit noch Erfolgsparameter für die Zukunft sein können, wenn sich das Unternehmensumfeld so sehr verändert. Durch ihren bisherigen Erfolg haben die Führungskräfte bewusst oder unbewusst keinen Anreiz, sich zu verändern. Das ist nachvollziehbar, denn wenn man früher erfolgreich war, ist das eine Bestätigung von dem, was man in der Vergangenheit gemacht hat.

Unsere Kernthese für Manager lautet deshalb, dass in Zukunft nur diejenigen Manager erfolgreich sein werden, die eigene Paradigmen hinterfragen und entsprechend neu ausrichten. Dies wird gerade in Zeiten starker Veränderungen zwingend notwendig sein.

In diesem Kapitel stellen wir dar, welche Paradigmen Unternehmen anpassen müssen, weil sie besonders von dem Wandel betroffen sind. Jedes Unternehmen mag eigene Schwerpunkte haben, was sich in unterschiedlichen Paradigmen äußert, aber wir sind davon überzeugt, dass die von uns ausgewählten neun Paradigmen den Kern der Lösung abbilden.

Nach der Diskussion dieser auf die Organisation bezogenen Paradigmen werden wir in den folgenden Kapiteln konkrete Erfolgsstrategien für Mitarbeiter, Führungskräfte und Top-Manager sowie auch für die Gesamtorganisation darstellen.

12.1 Erfolgsparadigma 1: Vom Fortschreiben des Bestehenden zur Gestaltung der Zukunft

In der konventionellen Welt wird besonders im Kerngeschäft das Bestehende inkrementell weiterentwickelt. Technologien werden danach beurteilt, inwieweit sie einen Beitrag leisten können, diese schrittweise erfolgende Entwicklung vorzunehmen.

Ein typisches Beispiel für dieses Paradigma liefert die Automobilindustrie, die neue Generationen von Verbrennungsmotoren mit Blick auf Verbrauch, Leistung, Abgaswerte und Lebensdauer entwickelt. Hier steht die inkrementelle Optimierung im Fokus.

Das ist auch auf das Unternehmen zu übertragen, für das der Umsatz beispielsweise um fünf Prozent wachsen soll; im Gegensatz dazu sollen die Kosten um zwei Prozent sinken, um dadurch ein profitables Wachstum zu erreichen.

12.2 Erfolgsparadigma 2: Von linearer Kausalität zur flexiblen Entwicklung (Effectuation)

Diese nach innen gerichtete Perspektive muss sich in eine Outside-in-Perspektive wandeln. Technologie ist nicht nach ihrem Beitrag zur inkrementellen Weiterentwicklung zu bewerten, sondern nach ihrer Fähigkeit, das Bestehende zu verändern und eine Disruption zu ermöglichen. Technologie ist also nicht der Schlüssel, um die inkrementelle Entwicklung fortzuführen, sondern man muss vielmehr grundsätzlich die Zukunft mithilfe von Disruption im Blick behalten und dementsprechend ermöglichen.

Der Paradigmenwechsel bedeutet auch, dass man den Scope von Wettbewerbern breiter fassen muss, als nur die bekannten und bestehenden Wettbewerber zu beobachten. Bei der Auswahl des Neuen muss es »*Problem looking for solutions*« heißen und nicht umgekehrt. Auch hier lautet der Ansatz, zuerst außen zu schauen und dann den Blick nach innen zu richten. Häufig findet man in der Praxis das Umgekehrte: »A solution looking for a problem«, d. h., eine Technologie oder ein Vorgehen werden von außen an das Unternehmen herangetragen und man sucht dann krampfhaft nach einer Anwendung innerhalb des Unternehmens, ohne sich zuvor klar darüber zu werden, was das Unternehmen eigentlich braucht.

Der Fokus liegt auf Paradigmenwechsel und der Gestaltung der Zukunft, anstatt nur auf der Weiterentwicklung des Bestehenden. Auch hier gilt es, den Wettbewerbsfokus breiter zu fassen. Wettbewerber sind nicht nur die bereits existierenden Konkurrenten, sondern auch Neuanbieter, die Teile der Wertschöpfung des Unternehmens übernehmen können. Gleichzeitig muss man das Bestehende weiter verteidigen, dadurch ist die Betrachtung wesentlich umfassender als in der Vergangenheit.

12.2 Erfolgsparadigma 2: Von linearer Kausalität zur flexiblen Entwicklung (Effectuation)

In der klassischen Welt werden Ziele definiert und daraus Maßnahmen abgeleitet, um die Ressourcen oder die gewünschten Budgets zu bekommen. Weiterentwicklung ist ein Prozess linearer Kausalität. Ausgangspunkt und Ziel sind über einen scheinbar linearen Prozess mit klaren Wirkungszusammenhängen verbunden.

In einem dynamischen Umfeld oder einer Start-up-Umgebung gerät so eine Vorgehensweise schnell an ihre Grenzen. Es ist kaum absehbar, welche Marktentwicklungen

12 Wandel der Erfolgsparadigmen im Management von Unternehmen

sich ergeben werden, welche Technologien und welches Kundenverhalten in relativ kurzer Zeit dominieren werden.

Deswegen ist der Managementansatz in neuen Märkten anders zu wählen als die klassische Kausalität mit ihrer Mehrjahresperspektive. Vielmehr ist in einem dynamischen Umfeld ein Ansatz der Erforschung erfolgreicher Start-ups hilfreich – man spricht hier von *Effectuation*. Der Begriff stammt aus dem Bereich der Entrepreneurship-Forschung und beschreibt eine von erfahrenen Unternehmern oder Firmengründern eingesetzte Vorgehensweise zur Lösung von Problemen und zur Entscheidungsfindung. Dabei betrachtet man einen Ausgangspunkt und analysiert, welche Fähigkeiten erforderlich sind, um ein langfristiges Ziel als Vision zu erreichen. Aktivitäten werden gestartet und laufend überprüft, man beobachtet die Effekte am Markt (Effectuation) und entwickelt sich flexibel und kontinuierlich auf der Grundlage vorhandener Kapazitäten und Fähigkeiten weiter. Dabei schaut man nicht auf das Ziel in den kommenden Jahren, sondern hat einen Betrachtungshorizont von wenigen Monaten. Daran entwickelt man sich weiter und baut entsprechende Fähigkeiten und Kapazitäten auf, um in einem Markt erfolgreich tätig zu sein.

Ein Beispiel ist das Carsharing. Wenn man einen solchen Markt neu betritt, kann man keinen Fünf-Jahres-Plan machen, sondern man muss starten und überlegen, welche Technologien und Kapazitäten benötigt werden, um sich dann anhand der Entwicklung der Kundennachfrage weiterzuentwickeln und die entsprechenden Ressourcen aufzubauen.

12.3 Erfolgsparadigma 3: Von der Geschäftsfeldstrategie zur Fähigkeitsstrategie

Heutzutage sind nur wenige Unternehmen in der Lage, zu beschreiben, welche Fähigkeiten in ihrer Organisation vorhanden sind und künftig erforderlich sein werden, um erfolgreich zu sein. In der konventionellen Welt ist die existierende Unternehmensstrategie die Ausgangslage. Aus dieser werden Geschäftsfeldstrategien abgeleitet und aus diesen wiederum die Fähigkeiten, die ein Unternehmen benötigt – falls Fähigkeiten überhaupt betrachtet und gewürdigt werden. Es werden häufig nur Kapazitäten beurteilt.

12.4 Erfolgsparadigma 4: Von der Top-down-Kontrolle zur Bottom-up-Befähigung

Wie im vorderen Teil dieses Buches beschrieben, wird die Geschäftsfeldstrategie möglicherweise nicht überleben, da sich deren Grundvoraussetzung auflöst. Daher muss man überlegen, wie das Unternehmen aufgebaut werden soll. Ein Ansatz ist, sich über Fähigkeiten zu entwickeln.

Auch diesen Paradigmenwechsel verdeutlicht ein Beispiel aus der Automobilindustrie: Durch den Wandel von Verbrennungs- über Hybrid- hin zu Elektromotoren kann die notwendige Veränderung nicht über Geschäftsfelder definiert werden. Es ist notwendig, dass von unten nach oben bottom-up überlegt wird, welche Fähigkeiten perspektivisch benötigt werden, um überhaupt erfolgreich zu sein. Es spielt dabei keine Rolle, ob es sich um ein Geschäftsfeld A, B oder C handelt, sondern es geht darum, dass das Unternehmen entsprechende Fähigkeiten schafft, um beispielsweise Elektrofahrzeuge zu entwickeln. Die Zuordnung zu einzelnen Geschäftsbereichen erscheint dann nachrangig und willkürlich. Die Fähigkeiten macht man künftig nicht mehr an den Geschäftsfeldern fest, sondern an den Anforderungen des Gesamtunternehmens.

Ein weiterer Aspekt ist dabei, dass durch die Definition von Fähigkeiten – anstatt von Geschäftsfeldern – eine Risikoverminderung entsteht, da man die einzelnen Fähigkeiten wesentlich flexibler zuordnen und damit auch die Unwägbarkeiten reduzieren kann.

12.4 Erfolgsparadigma 4: Von der Top-down-Kontrolle zur Bottom-up-Befähigung

In der Vergangenheit war es üblich, dass Unternehmen sehr stark top-down geführt wurden, dass also Aufgaben von oben nach unten vorgegeben wurden. Dies ist auch heute noch in vielen Organisationen die gelebte Realität. Bei diesem Vorgehen steht die Kontrolle der entsprechenden Ergebnisse im Zentrum der Aufmerksamkeit. In der neuen Unternehmensrealität haben die Vorgabe singulärer Aufgaben und die Kontrolle der jeweiligen Ergebnisse keine so große Bedeutung mehr, denn der Fokus liegt auf der Umsetzung von Themen. Das Paradigma wandelt sich, denn der erfolgreiche Manager muss nun die Organisation befähigen, Innovationen voranzutreiben und umzusetzen.

Seine Aufgaben wandeln sich also vom laufenden Reporting einzelner Ziele und Ergebnisse bis zur Frage, was ein Manager beitragen kann, um seine Organisation und seine Teams erfolgreich zu machen.

Vorauszusehen ist, dass der Manager zunehmend Schwierigkeiten haben wird, neue Entwicklungen und deren Komplexität überblicken zu können. Sein Wandel besteht darin, dass er von Vergabe und Kontrolle einer Aufgabe entsprechend in eine Befähigung der Organisation hineinwachsen muss.

In der Vergangenheit war es häufig sogar so, dass die Manager die Aufgabe des Mitarbeiters besser bewältigen konnten, da sie oftmals aus demselben Umfeld kamen. Genau das stellt heute ein Problem dar, denn als ehemalige Sachbearbeiter sind Manager psychologisch nicht auf das »Enabling«, also auf das Befähigen oder Ermöglichen, eingerichtet.

Heute muss der Manager seine Mitarbeiter besser machen als er selber ist. Dabei muss er auch akzeptieren, dass der Erfolg nicht direkt ihm und seinen Führungsqualitäten zugerechnet wird, was inhaltlich und psychologisch für ihn natürlich schwierig ist.

Ein Beispiel aus dem Sport sind Fußball-Nachwuchstrainer: Der Erfolg eines jungen Fußballers wird eher dem Spieler selbst als dem jeweiligen Trainer zugeschrieben.

12.5 Erfolgsparadigma 5: Vom vertikalen Silo zum horizontalen Netzwerk

Unternehmerische Probleme sind heute miteinander vernetzt, und die Suche nach Lösungen erfordert den Einbezug unterschiedlicher Funktionsbereiche. Daher ist der Suchrahmen, der einen Beitrag zur Lösung von Problemen liefern kann, völlig unabhängig von bestehenden, formalen Zuordnungen und Silos und deutlich umfassender zu betrachten als in der Vergangenheit. Die Lösungen von Problemen kommen sogar oft eher von außerhalb der eigenen Organisation als aus internen Bereichen.

Eine klassische Vernetzung besteht darin, dass die Umsetzung von neuen Verwaltungssystemen und Betriebsabläufen immer die IT benötigt und mit ihr korreliert

12.5 Erfolgsparadigma 5: Vom vertikalen Silo zum horizontalen Netzwerk

und dass daher eine Weiterentwicklung ohne sie nicht umgesetzt werden kann. Man kann weitergehend sagen, dass nicht nur die IT, sondern auch Servicebereiche und kundenbezogene Bereiche in die Entwicklung einbezogen werden müssen. Wenn man dann noch neue Technologien umsetzen möchte, muss man neue Technologiepartnerschaften eingehen. Die Bewältigung eines vermeintlich einfachen Problems innerhalb des Betriebsablaufs ist plötzlich ein sehr komplexes Thema geworden, wobei die Lösungssuche eventuell durch *einen* Bereich gesteuert wird, aber die Lösung selbst nur durch ein breites Netzwerk unterschiedlicher Einheiten und Spezialisten gefunden werden kann. Die notwendige Voraussetzung für eine erfolgreiche Lösungssuche in diesen komplexen Szenarien ist die Auflösung der vertikalen und hierarchischen Bindung sowie die Auflösung der Silo-Perspektive. Die Lösung kommt aus der Breite und dem horizontalen Netzwerk.

Jeder in der Organisation muss sich an Aufgaben, Strategien und Netzwerken zur Problemlösung orientieren und nicht an der eigenen Linienzugehörigkeit. Dadurch verändert sich auch die Perspektive der einzelnen Mitarbeiter. Die Sichtweise »Ich arbeite für ...« wird durch »Ich arbeite an dem Thema ...« abgelöst.

Dabei beobachten wir, dass Unternehmen damit beginnen, die Zusammensetzung der Teams insbesondere für die Weiterentwicklung neu zu sortieren. In der Vergangenheit war es häufig so, dass Mitarbeiter aus jedem Funktions- oder Organisationsbereich wie Produkt, Vertrieb oder Service berücksichtigt wurden. Es musste unbedingt ein Vertreter vom Vertrieb in Meetings dabei sein, ebenso ein Vertreter aus der Produktion sowie ein Vertreter des Service oder einer anderen Abteilung. Dies wandelt sich, denn heute ist für die Lösung komplexer Probleme ausschlaggebend, wer welche Fähigkeiten zu bieten hat und wie er diese für eine Lösung einbringt. Fähigkeiten sind wichtiger als die organisatorische Zugehörigkeit. Letztere wird allenfalls noch benötigt, um unternehmenspolitisch verschiedene Bereiche abzudecken.

In diesem Zusammenhang verändern sich auch die Begrifflichkeiten. Wie beschrieben, gab es früher Vertreter aus den entsprechenden Funktions- und Organisationsbereichen. Heute dagegen hat man eine Clusterung von Mitarbeitern nach Fähigkeiten in *Chapters* zusammengefasst, oder man baut horizontal organisierte Unternehmen mit Organisationsstrukturen, die eine End-to-End-Verantwortlichkeit haben. So gibt es beispielsweise eine Feature-Domänen-Matrix mit einer End-to-End-Verantwortlichkeit der Features und einer Systemverantwortlichkeit der Domänen.

In diesem Zusammenhang ist es wichtig, zu wissen, dass sich Teams heute anders zusammensetzen als früher – die Vorgehensweise in agilen Projektteams ist weitläufig implementiert, agile Projektmethoden und Scrum-Technik sind bekannt. Organisatorisch werden immer mehr Teams in sogenannten Squads zusammengestellt, die als Teil-Teams mit etwa sechs Teilnehmern eine andere Effizienz haben. Der potenzielle Wertbeitrag des Einzelnen wird wichtiger als die Zugehörigkeit zur Organisationseinheit. Die Bedeutung dieser Organisationseinheiten reduziert sich dann, wie geschildert, nur noch auf eine unternehmenspolitische Dimension.

12.6 Erfolgsparadigma 6: Von der Wertschöpfungsorientierung zur Kundenzentrierung

Wir haben im zweiten Teil des Buches beschrieben, dass sich die konventionellen Wertschöpfungsstrukturen auflösen, weil der Wettbewerb in den einzelnen Elementen der Wertschöpfungsstufen stattfindet und weil man sich bei diesem nicht nur mit klassischen, sondern auch mit ganz neuen Wettbewerbern auseinandersetzen muss. Die Frage lautet daher: Welche Konsequenzen hat es, wenn sich die Bedeutung der Wertschöpfungsstrukturen für den unternehmerischen Erfolg im Ansatz verändert?

Die Wertschöpfungssicht ist historisch eine stark funktionale Sicht, denn jeder Mitarbeiter orientiert sich an den Wertschöpfungsstufen, deren Wertbeitrag bislang nicht infrage gestellt wurde. In der neuen Wettbewerbs- und Unternehmensrealität verschiebt sich die Frage nach dem Beitrag: Wie verändert sich durch die Tätigkeit die Kundenperspektive, und welcher Wertbeitrag wird für den Kundenzusatznutzen geliefert?

Ein Beispiel für diese Verschiebung sind die Veränderungen im Markt für Stellenanzeigen. Es gilt heute nicht nur, Anzeigen zu designen, zu konzeptionieren oder zu formulieren, wie es früher Agenturen gemacht haben, und diese Inserate dann in Zeitungen zu platzieren. Der eigentliche Grundbedarf hat sich nicht verändert, aber eine Personaldienstleistung muss heutzutage nicht mehr die genannten Wertschöpfungsstufen bedienen, sondern vor allem die Kernanforderung des Kunden, geeignete Kandidaten zu finden. Der Wertbeitrag für den Kunden ist demnach viel wichtiger als die Frage, wer welche Wertschöpfungsstufe bedient.

12.7 Erfolgsparadigma 7: Von der Geschäftsjahresfixierung zur Ereignisorientierung

Das sehen wir auch bei Reiseveranstaltern – in der Vergangenheit gab es als Erfolgsmodell die vollintegrierten Veranstalter mit allen Wertschöpfungsstufen wie TUI oder Thomas Cook. Heute dagegen gibt es Orchestratoren wie Booking.com, die einzelne Wertschöpfungsstufen zusammenstellen, ohne dass sie selbst die Stufen besitzen. Booking.com ist weltweit einer der größten Anbieter für Reise-Unterkünfte, ohne ein Hotel oder Zimmer sein Eigen zu nennen. Ein weiteres Beispiel ist Uber, einer der größten internationalen Mobilitätsdienstleister – ohne ein einziges eigenes Auto.

Das zeigt, dass die klassische Perspektive, in der jede einzelne Wertschöpfungsstufe beherrscht und abgedeckt werden muss, nicht mehr gilt. Vielmehr geht es um das Kundenbedürfnis und dessen Erfüllung und nicht um den Besitz einzelner Wertschöpfungsstufen. Daher ist unser Erfolgsparadigma von der Wertschöpfungsorientierung zur Kundenzentrierung so wichtig. Man muss die Bedürfnisse des Kunden kennen und diese entsprechend befriedigen. Ob die Organisation alles selbst macht oder Orchestrator ist oder wie die einzelnen Wertschöpfungen aufgebaut sind, ist sekundär.

12.7 Erfolgsparadigma 7: Von der Geschäftsjahresfixierung zur Ereignisorientierung

Die Geschäftsjahresorientierung ist sehr klassisch und wird auch zukünftig für steuerliche Aspekte und den Kapitalmarkt große Bedeutung haben. Alles, was die Business-Seite betrifft, muss man jedoch davon lösen, denn unvorhersehbare Ereignisse ändern die Budget- und Kalenderplanung. Es ist also vielmehr notwendig, eine ereignisgetriebene Perspektive zu haben, wenn sich beispielsweise die Möglichkeit bietet, eine neue Kooperation einzugehen und mit dem neuen Partner vorhandene Chancen umzusetzen. Die Dringlichkeit des Handelns hat sich verändert, und dieser Wandel erfordert eine Entkopplung von Kalender und Budgets.

Der Kalender ist zwar für alle gleich, aber die Wettbewerbsintensität ist höher. War es in der Vergangenheit üblich, Budgets von Januar bis Dezember und über einige Jahre aufzubauen, sieht es heutzutage so aus: Es ist ein Muss, die Budgets flexibel zur Verfügung zu stellen.

Wir sehen, dass eine kurzfristig rollierende Perspektive Bestand hat, d. h., wir müssen Budgets über einen zukünftigen Zeitraum von nur drei oder sechs Monaten betrachten. Das ist die einzige Chance, eine Variabilität für das Unternehmen zu ermöglichen. Man kann auch nicht mehr bis zum neuen Jahr warten, in dem möglicherweise neue Budgets vorhanden sind – die Fristigkeit ist anders, die Opportunitäten treiben die Aktivitäten. Nicht ein Budgetkalender ist der primäre Treiber für die Frage, ob man aktiv wird oder nicht. Die Orientierung von Aktivitäten am Kalender und an der Verfügbarkeit von Budgets in bestimmten Quartalen oder Jahren wirkt in der neuen Welt anachronistisch.

12.8 Erfolgsparadigma 8: Von der gewachsenen multidextrischen Struktur zur ambidextrischen Struktur

Das alte Paradigma lautete, eine definierte Aufbauorganisation zu haben und einen gewissen Wildwuchs an anderen Formen zu tolerieren, wie »U-Boot-Projekte«, DigiLabs oder Sonderprojekte des Vorstands. Die sich daraus ergebende Organisationsrealität ist von Unternehmen zu Unternehmen, von Ressort zu Ressort unterschiedlich und führt zu einer Vielzahl von Herausforderungen bis auf die Ebene des einzelnen Mitarbeiters, der eine Fülle von Anforderungen erfüllen muss. Wir haben damit in dieser neuen Organisationsrealität tendenziell multidextrische Strukturen.

Der Paradigmenwechsel besteht nun darin, dass diese Realität zu einer ambidextrischen Struktur zurückgebaut werden muss. Der Wildwuchs muss auf die zwei Grundaufgaben – Weiterentwicklung des Bestehenden und Erforschung des Neuen – zurückgeführt werden. Das Unternehmen kann auf Dauer mit der multidextrischen Struktur aufgrund der Herausforderungen nicht umgehen, sondern muss in eine bewusst gemanagte ambidextrische Struktur überführt werden.

In diesem Kontext ist die Strukturierung des Traditionellen als Linienorganisation relativ klar. Demgegenüber ist die Organisation von Innovationen eine Gestaltungsaufgabe. Auch das Neue muss ebenso wie das Bestehende in einem einheitlichen Rahmen abgebildet werden. Es bringt das Unternehmen nicht weiter, wenn jeder Vorstand neben der Linienaufgabe, neben dem universalen Weiterentwicklungsfeld, noch ein Bündel von Einzel- und Sonderaktivitäten führt, die ressortspezifisch, aber nicht unternehmensübergreifend koordiniert sind. Es muss einen homogenen

Rahmen geben, in den diese neuen Themen eingebunden sind. Zudem muss eine einheitliche Vision entwickelt werden, wobei die Organisationsrealität Ergebnis eines top-down gestalteten Prozesses und nicht eines zufällig entstandenen Bottom-up-Wildwuchses sein sollte.

Man benötigt für das Neue in dem innovativen Teil der ambidextrischen Struktur dezidierte Steuerungsmechanismen. Wir benötigen Ressourcen und Fähigkeiten, die in Übereinstimmung mit der übergeordneten Vision genauso konsequent gesteuert werden wie in der konventionellen Welt. Aus unserer Sicht müssen die Mitarbeiter auch dezidierter den einzelnen Welten zugeordnet und entsprechend gesteuert werden, damit sie in den multidextrischen Anforderungen nicht zerrieben werden und ihr Wertbeitrag dadurch extrem zurückgeht.

Dies bedeutet, dass man heute mit vielen Aufgaben betraute multidextrisch handelnde Mitarbeiter beispielsweise temporär Projektprogrammen zuordnet und sie dort auch disziplinarisch führt. In einer solchen Art und Weise sind zum Beispiel professionelle Services bei Unternehmensberatungen organisiert. Dort sind Mitarbeiter oftmals sogenannten Industriepraxisgruppen nominell zugeordnet, aber primäres Kriterium für den Wertbeitrag ist die Verfügbarkeit und die Fähigkeit eines Mitarbeiters. Die Industriepraxisgruppe ist dabei ein nachgelagertes Ordnungskriterium. So können Mitarbeiter nach ihren Fähigkeiten und den Anforderungen besser den einzelnen Themen in den Funktionsbereichen zugeordnet werden. Das bedeutet auch, dass Mitarbeiter, die in dieser innovativen Welt arbeiten, aus der Linie in konventionellen Organisationen herausgelöst sind und so separat von der Linienorganisation betreut werden. Unternehmensberatungen sind aus unserer Sicht ein gutes Beispiel, wie das neue Paradigma praktisch organisiert werden kann.

12.9 Erfolgsparadigma 9: Vom Mitarbeiter als verwalteter Ressource zum unternehmerischen Individuum

Betrachtet man *Diversity* als Grundlage innovativer Unternehmen, sieht man, dass ihre Legitimation und somit ihr Wert in der Nutzung der individuellen Fähigkeiten aller Mitarbeiter liegt. Deswegen ist es in der neuen Organisationswelt notwendig, alle Kenntnisse und Fähigkeiten von Mitarbeitern zu nutzen, um zu optimalen Ergebnissen zu kommen. Die Vernachlässigung von Ideen, Kenntnissen und Vorgehensweisen

12 Wandel der Erfolgsparadigmen im Management von Unternehmen

limitiert das Potenzial der ganzen Organisation. Jedem einzelnen Mitarbeiter kommt deswegen in der neuen und dynamischen Welt eine größere Bedeutung zu. Gerade Diversity ist eine Grundlage, um erfolgreich in der innovativen Welt zu sein. In der alten Welt werden Mitarbeiter dazu eingesetzt, spezifische Aufgaben zu erledigen, allerdings unter Ausklammerung der sonstigen Fähigkeiten, die diese besitzen. Dort wird der Mitarbeiter als Ressource zur konkreten Zielerreichung eingesetzt, jedoch nicht als Individuum mit all seinen Kompetenzen wahrgenommen. In der neuen Welt werden die Stärken der Mitarbeiter bestmöglich eingesetzt, Vorgesetzte und HR müssen einen Blick und einen Zugang dafür entwickeln, was der Einzelne kann, was seine möglicherweise unbekannten Fähigkeiten und seine individuellen Motivatoren sind. Nur in der Verbindung des Erkennens von Fähigkeiten und individueller Motivation lassen sich die Talente des Einzelnen für das Unternehmen erschließen.

Hierbei handelt es sich um ein zentrales Erfolgsparadigma zum erfolgreichen Arbeiten innerhalb innovativer Märkte. Umso wichtiger ist es, dass der Vorgesetzte und die gesamte Organisation die wirklichen Kenntnisse eines Mitarbeiters sehen und die Kompetenz besitzen, diese umzusetzen und zu erschließen.

! Zusammengefasst:

Schaut man sich die Erfolgsparadigmen an, ist die gute Nachricht, dass es sich um eine überschaubare Anzahl von Themen handelt und Manager und Unternehmen eine klare Perspektive haben. Zudem sind die Herausforderungen bekannt, denn die meisten sind für die Manager sicherlich nicht neu und Themen wie Kundenzentrierung oder horizontale Netzwerke sind in vielen Unternehmen bereits verankert.
Es ist allerdings schwierig, diese umzusetzen, da sie große paradigmatische Veränderungen vom Einzelnen verlangen. Zudem ist der ambidextrische »Rückbau« des Bestehenden eine neue Gestaltungsaufgabe, die nach unserer Beobachtung noch nicht weit verbreitet ist. Die Veränderungen werden in den nächsten Kapiteln noch vertieft werden.

13 Der Mitarbeiter hat die Wahl: Love it, change it or leave it

Die Basis von Erfolgsstrategien für Mitarbeiter ist die bekannte Change-Philosophie »Love it, change it or leave it«. Auf das Arbeitsumfeld bezogen, heißt das: »Liebe deine Arbeit, ändere, was dich stört, oder gehe« – denn es ist kein vorwärtsgerichteter Ansatz, sich stets zu beklagen, wenn einem die Arbeitsumstände nicht gefallen.

Dabei sind die Lebensziele und Lebensformen der Mitarbeiter natürlich so bunt und unterschiedlich wie die Mitarbeiter selbst, was sich auch in den beruflichen Überlegungen und verschiedenen Ansprüchen an das Arbeitsleben widerspiegelt. Auch die Möglichkeiten für die Mitarbeiter sind heute so vielfältig wie noch nie zuvor. Waren vor 100 Jahren die Entfaltungsmöglichkeiten von Schulabgängern sehr eingeschränkt, weil sie beispielsweise den väterlichen Betrieb in Landwirtschaft oder Handwerk übernehmen sollten, so sind die Perspektiven heute extrem vielseitig, und es eröffnen sich alle möglichen Karrierewege und Karriereformen. Auch der Wechsel von Berufs- und Lebenszielen wird heute so toleriert wie noch nie zuvor, sodass der Change auch im mittleren Lebensalter immer häufiger zur Realität wird. Zunehmend wird auch positiv bewertet, wenn Bewerber eine unterschiedliche Vielfalt in ihrem Berufsleben ausprobiert haben und *gebrochene* Biografien aufweisen.

Die Freiheit, Heterogenes auszuprobieren, stellt gleichzeitig aber auch eine persönliche Herausforderung dar, denn wenn die Möglichkeiten so groß sind, scheint alles machbar zu sein, und die Freiheit der Wahl könnte bei unklarer Lebensausrichtung zum Problem werden. Die Verantwortung für die Gestaltung des Lebensweges, des beruflichen Glücks und der individuellen Zufriedenheit verschiebt sich dabei von der Familie und dem sozialen Umfeld, in der sie in der Vergangenheit aufgehoben war, auf das Individuum als Einzelnen. Auch dass die Zwänge und Erwartungshaltungen der Eltern abnehmen, spielt eine wichtige Rolle, da so die Chance, den Lebens- und Berufsweg selbstbestimmt zu gehen und zu gestalten, drastisch zunimmt.

Mitarbeiter in Unternehmen verfügen im Gegensatz zu Freelancern, Lebenskünstlern oder Start-ups in der Gig-Economy jedoch nicht über komplette berufliche Freiheit, denn sie müssen sich natürlich viel stärker an den Gegebenheiten und Rahmenbedingungen ihres Unternehmens orientieren.

Dennoch ergeben sich auch für die Mitarbeiter in Unternehmen gerade in dem heutigen dynamischen Umfeld und durch Veränderungen innerhalb der Unternehmen ganz neue Möglichkeiten. War früher beispielsweise nur eine klassische Linientätigkeit in der Produktionsabteilung möglich, so ist es heute sogar vielfach gewünscht, dass die Mitarbeiter aus der Produktion dann beispielsweise auch in den Vertrieb gehen oder Stabsfunktionen übernehmen. Darüber hinaus ergeben sich mit dem Entstehen von DigiLabs und New Ventures in den Unternehmen für jeden Einzelnen ganz neue Optionen. Auch wenn die Freiheit für Mitarbeiter innerhalb von Unternehmen nicht so groß ist wie bei Freelancern, so haben sich die Perspektiven in den herkömmlichen Unternehmen dennoch drastisch erweitert und vervielfältigt.

Für die Kategorisierung der Mitarbeiter in dieser Corporate World beschreiben wir zwei wichtige Dimensionen, die die berufliche Situation prägen:
1. Der *aktuelle Status* von *Zufriedenheit* oder *Unzufriedenheit* – Kernfrage: Inwieweit sind die Mitarbeiter mit ihrer persönlichen und beruflichen Situation zufrieden oder nicht zufrieden? Die Kategorie der Zufriedenheit oder Unzufriedenheit ist dabei völlig unabhängig von Alter, Dauer der Betriebszugehörigkeit oder Geschlecht. Daher bietet sie sich als generelles Kategorisierungsmerkmal an.
2. Die Frage nach der *Perspektive* – Kernfrage: Haben die Mitarbeiter eine klare oder eine eher unklare Perspektive hinsichtlich ihrer persönlichen Entwicklung? Besonders die Frage nach der Perspektive stellt laut der Herzberg-Kategorisierung[10], die nach Hygienefaktoren und individuellen Motivatoren unterscheidet, einen wesentlichen Aspekt für Mitarbeiter dar, denn die höchste Form der beruflichen Motivation ist die Selbstverwirklichung im Beruf. Insofern entscheidet diese Dimension der Karriere auch in hohem Maße über die Mitarbeitermotivation.

Mit diesen beiden Dimensionen lassen sich vier Typen charakterisieren. In unserem Berufsleben sind uns viele Menschen begegnet, für die diese Einteilung passt und damit auch ihren Erfolgsstrategieansatz in der ambidextrischen Organisation umreißt.

---

10 Vgl. Herzberg, Frederick (1959)

13.1 Der Happy Camper: Zufriedenheit gegeben, Perspektive unklar

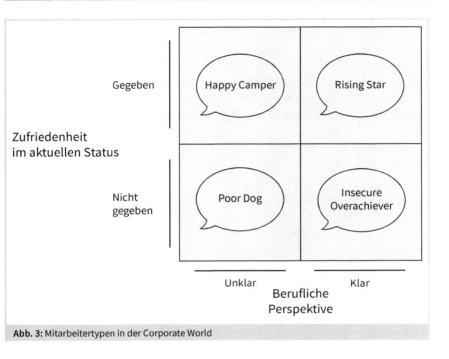

Abb. 3: Mitarbeitertypen in der Corporate World

13.1 Der Happy Camper: Zufriedenheit gegeben, Perspektive unklar

Happy Camper sind für viele Unternehmen die idealen Mitarbeiter. Sie füllen eine Tätigkeit aus, die sie mit intrinsischer Motivation zufriedenstellt. Sie machen ihren Job und werden dabei von fast allen Kollegen und Vorgesetzten geschätzt, denn sie sind zufrieden, und dabei ist es für sie auch nicht so wichtig, dass sie keine unmittelbare Karriereperspektive haben. Für diese Menschen hat oftmals eine gute Work-Life-Balance eine viel größere Bedeutung als das kurzfristige berufliche Fortkommen. Für sie sind Hygienefaktoren wie Arbeitsplatzsicherheit und fairer Umgang wichtiger als der individuelle Wachstumsparameter Karriere. Ihre Zufriedenheit leiten Happy Camper dabei meist zusätzlich über ihre wahrgenommene Selbstverwirklichung im Job ab.

13 Der Mitarbeiter hat die Wahl: Love it, change it or leave it

13.2 Der Poor Dog: Zufriedenheit nicht gegeben, Perspektive unklar

Menschen der Kategorie Poor Dog sind gleich aus mehrfachen Gründen unzufrieden: Sie erwarten mehr von ihrer beruflichen Situation, fühlen sich überqualifiziert und daher nicht genug wertgeschätzt. Sie haben den Eindruck, nicht entsprechend ihren Skills, Fähigkeiten und Erfahrungen eingesetzt zu werden. Zudem scheinen in ihrer Selbstwahrnehmung berufliche Leistungen und Erfolge der Vergangenheit keine Rolle zu spielen. Man erkennt diese Mitarbeiter häufig an ihren negativen Äußerungen, beispielweise dass ihr Vorgesetzter seine Aufgabe nicht richtig in Angriff nehme bzw. dass der Mitarbeiter diese selbst viel besser erledigen würde. Der Poor Dog ist ein unzufriedener Typus, der seinen Unmut häufig äußert und nicht für sich behält. Dabei spielt seine Befürchtung eine Rolle, dass Kollegen auf gleicher Ebene bevorzugt behandelt werden und schneller die Karriereleiter erklimmen oder anderweitig vermeintliche Privilegien genießen.

Ein weiterer Grund der Unzufriedenheit des Poor Dogs liegt in seiner mangelnden Perspektive sowie in der Beobachtung, bei Beförderungen immer übergangen zu werden. Die ganze berufliche Zukunftsaussicht für die kommenden Jahre, ja Jahrzehnte, scheint unabwendbar perspektivlos und intransparent zu sein. Das führt vielfach dazu, dass diese Mitarbeiter in die innere Kündigung gehen und ihren Job nur noch deshalb machen, weil sie Einkommen erzielen müssen, um den Lebensunterhalt zu bestreiten. Meistens befinden sich Poor Dogs daher in einer sich selbst verstärkenden Abwärtsspirale.

13.3 Der Rising Star: Zufriedenheit gegeben, Perspektive klar

Mitarbeiter der Kategorie Rising Star ziehen ihre Zufriedenheit sowohl aus einem geordneten, zufriedenstellenden Privatleben als auch aus einem ausgefüllten Berufsleben. Sie bekommen Anerkennung und Lob für ihre Arbeitsergebnisse von Kollegen und Vorgesetzten. Neben der beruflichen Zufriedenheit haben die Mitarbeiter häufig auch ein erfülltes Privatleben; bei ihnen findet man oftmals eine ausgewogene Work-Life-Balance. Typischerweise ist ihnen ihre Perspektive im Unternehmen klar. Vorgesetzte äußern ihre Wertschätzung, geben ihnen zusätzliche Verantwortung oder ziehen sie zu geschäftspolitischen Fragen zurate. Diese Menschen werden oftmals auch in formale Karrierepfade integriert und sind für weiterführende Entwicklungen wie beispielsweise Talent-Pools oder Management Circles vorgesehen. Sie haben meist ein gutes Selbstbewusstsein und warten gelassen die Zukunft ab.

13.4 Der Insecure Overachiever: Zufriedenheit nicht gegeben, Perspektive klar

Der Insecure Overachiever[11] ist der gar nicht so seltene Mitarbeiter, der überwiegend sehr gute Leistungen bringt, aber mit der eigenen Situation unzufrieden ist. Menschen in dieser Kategorie werden oftmals im Unternehmen besonders geschätzt. Sie erledigen die Arbeit perfekt, setzen sich ein und übernehmen wie selbstverständlich jede Art von Zusatzaufgaben, die sie dann auch noch mit Bravour meistern. Ihre Vorgesetzten sehen jedoch nur den Arbeitseinsatz und die Ergebnisse; sie sind begeistert, erkennen jedoch nicht die Unzufriedenheit, da diese typischerweise vom Mitarbeiter nicht nach außen gezeigt wird. Vielmehr glauben die Vorgesetzten, dass der Arbeitseinsatz und die guten Ergebnisse ein Ausdruck der Zufriedenheit mit der aktuellen Situation seien, wobei das genaue Gegenteil der Fall ist. Die Work-Life-Balance ist vor diesem Hintergrund in aller Regel nicht ausgewogen, sondern meist deutlich in Richtung *Work* verschoben. Der Betroffene hat oft den Eindruck, einen hohen Preis zu bezahlen, der jedoch aus seiner individuellen Perspektive nicht ausreichend gewürdigt wird.

Die Unzufriedenheit ist seine persönliche Wahrnehmung und dadurch oftmals für Vorgesetzte nicht transparent. Nicht selten führt diese Situation zu einer überraschenden Konfliktlösung des Einzelnen, beispielsweise durch einen Exit, der für die Vorgesetzten dann völlig unvorhergesehen kommt.

13.5 Generelle Erfolgsstrategie für alle Kategorien

Eine persönliche Erfolgsstrategie besteht nach unserer Überzeugung nie darin, zu jammern und zu klagen oder sich über die eigene Situation zu beschweren. Es ist auch keine Erfolgsstrategie, Unzufriedenheit in sich hineinzufressen und zu

---

11 Vgl. Empson, Laura (2008)

versuchen, auf eine Zukunft zu hoffen, in der alles irgendwie von selbst besser wird. Mitunter findet man auch Mitarbeiter, die sagen, dass sie so lange warten, bis der Vorgesetzte bei der nächsten Reorganisation gehen muss und dadurch ein neues organisatorisches Setting kommt. In der Regel führt eine individuelle Unzufriedenheit nicht zu einer höheren Zufriedenheit, nur weil sich die organisatorischen Rahmenbedingungen verändern. Meistens ist nicht der Vorgesetzte für die Unzufriedenheit verantwortlich, sondern die Quelle der Frustration liegt beim Einzelnen selbst.

Doch welche Alternativen gibt es, wenn man Passivität richtigerweise nicht als Erfolgsstrategie betrachtet? Hier sehen wir als Lösung drei grundsätzliche Vorgehensweisen, nämlich die bereits erwähnten: »*Love it, change it or leave it.*«

»**Love it**« bedeutet, die aktuelle berufliche Situation wertzuschätzen. Hilfreich ist es, sich die Vorteile der Arbeitsstelle und die persönlichen Freiheiten zu verdeutlichen, um diese Erkenntnisse für privates und persönliches Wachstum zu nutzen. Allerdings sehen Mitarbeiter oftmals nicht die positiven Seiten ihrer Tätigkeit – dabei gehört es zu einer guten Bewertung des individuellen Status quo dazu, die erfreulichen Seiten wie Arbeitsplatzsicherheit, Kollegialität oder fairer Umgang miteinander wertzuschätzen. Nicht fehlen darf dabei auch der Blick auf die Work-Life-Balance. Wenn man sein soziales Umfeld räumlich dicht am Arbeitsplatz hat, sollte man durchaus auch anerkennen, dass es ein positiver und wichtiger Aspekt der aktuellen beruflichen Situation ist, wenn man Work und Life relativ leicht in Verbindung bringen kann.

»**Change it**« heißt nicht, die eigenen Ziele und Vorstellungen anzupassen, sondern auf Basis dieser Ziele bewusst und zweckgerichtet eine Veränderung der Situation in der bestehenden Organisation oder im Unternehmen anzustreben. Dies bedeutet, sich über seine Chancen Gedanken zu machen, um diese je nach Situation mit Vorgesetzten und Personalabteilung zu besprechen. Dabei gilt es auch, neue Aufgaben aktiv zu suchen und wahrzunehmen, denn auf diese Weise wird das eigene Profil geschärft und bekannt gemacht. Es geht darum, die eigene Situation im existierenden organisatorischen und unternehmerischen Kontext zu verändern.

»**Leave it**« verbleibt als letzte Möglichkeit. Denn wenn »*Love it*« und »*Change it*« nicht funktionieren, dann ist »*Leave it*« die einzig verbleibende Erfolgsstrategie im Sinne eines aktiven Handelns. Bevor man diese Strategie verfolgt, sollte man sich jedoch sicher sein, dass die beiden anderen Basisstrategien tatsächlich keine

13.5 Generelle Erfolgsstrategie für alle Kategorien

Erfolgsaussichten haben und für den Einzelnen damit als valide Option nicht mehr zur Verfügung stehen.

Es bleibt festzuhalten, dass Klagen und Frust-Verbreiten keine Zeichen von Stärke und Souveränität sind, sondern vielmehr Ausdruck der eigenen Schwäche. Vielfach beklagen sich Mitarbeiter über ihre Situation, ihre Vorgesetzten oder traditionelle Rahmenbedingungen. Doch dieses Verhalten ist dann ein Zeichen für Entschlusslosigkeit, weil man keine Veränderung im Sinn eines »Change it« oder »Leave it« umsetzt, sondern weil man passiv bleibt, obwohl man die Situation nicht erträgt.

Dieses persönliche Nichtstun und Beschweren führt oftmals in eine toxische Abwärtsspirale für den Einzelnen selbst und die Organisation. In dieser Situation werden andere Mitarbeiter von den Betroffenen häufig schlechter gemacht, um sich selbst besser aussehen zu lassen und zu erhöhen. Wenn man sich in diese Abwärtsspirale hineinbegibt und sich in Missmut und Negativität einrichtet, dann sind diese Mitarbeiter auch die ersten, die bei einer Reorganisation des Unternehmens Gefahr laufen, ihren Arbeitsplatz zu verlieren.

Doch wie sehen die jeweiligen konkreten Erfolgsstrategien für die einzelnen Mitarbeitertypen aus?

1. Erfolgsstrategien für Happy Camper

Die Mitarbeiter, die eine hohe Zufriedenheit, aber unklare Zukunftsperspektive aufweisen, sind prädestiniert für die Basisstrategie eines »Love it«. Sie sind zufrieden mit dem Status quo und suchen auch meist keine große Karrierechance. Häufig haben sie ein ausgeglichenes Privatleben und eine gute Work-Life-Balance.

Aber was ist mit dem Status quo, und ist dieser in Zeiten dynamischer Veränderungen überhaupt gleichbleibend? Gibt es die Stabilität in der Wirtschaft überhaupt? Wie sieht es zukünftig beispielsweise in Verwaltung und Buchhaltung aus? Das sind Bereiche, in denen sich viele Mitarbeiter finden lassen, die mit ihrer beruflichen Situation grundsätzlich zufrieden sind. Doch wie entwickeln sich diese Jobs in Zeiten digitalen Wandels und KI?

Diese Zufriedenheit und Ausgeglichenheit liegen in persönlichen Gründen und basieren auch auf der Sicherheit des Arbeitsplatzes und des Unternehmens. Aber gerade in Zeiten starker Veränderungen wird es diese Stabilität nicht dauerhaft geben können, daher ist die »Love it«-Strategie der Zufriedenheit in Bezug auf den Status quo gefährlich.

Vielleicht müssen Happy Camper ihre eigentliche Erfolgsstrategie von »*Love it*« zu »*Change it*« weiterentwickeln, um das persönliche »*Love it*« langfristig zu sichern. Dazu wäre es ideal, wenn diese Menschen ihre Weiterentwicklung in einen ambidextrischen Kontext überführen würden, also nicht den identischen Job in der Nachbarabteilung nochmals machen, sondern bewusst ein anderes Skill-Set aufbauen. Die ambidextrische Organisation ist hierfür ein ideales Umfeld, um beispielsweise in einem DigiLab neue Aufgaben zu suchen und dort bei einer bislang eher fokussierten Karriere neue Kernkompetenzen zu erwerben. Sicherlich gibt es bei New Ventures oder neuen Unternehmensformen auch Tätigkeiten, die man dort ausüben kann.

In diesem Kontext hilft der Begriff des Happy Campers weiter, denn er ist auch deshalb ein *zufriedener Camper*, weil er nicht jeden Tag einen neuen Campingplatz aufsucht. Er reist aber durchaus weiter und zieht seine Zufriedenheit auch aus der Möglichkeit, Neues zu sehen und zu erleben.

2. Erfolgsstrategien für Poor Dogs
Für diese Mitarbeiter ist die »Leave it«-Strategie die naheliegende. Sie scheint die Lösung aller Probleme zu sein, denn viele denken: »*The grass is greener on the other side of the fence.*« Dies ist aber leichter gesagt als getan, da die Hürde zum Handeln meistens größer ist als die Hürde zum Reden. Das Kernproblem ist, dass oftmals der Wille zur Konsequenz fehlt. Denn wenn es schon schwerfällt, im bestehenden Unternehmen nach Alternativen und Möglichkeiten im Sinne einer »Change it«-Strategie zu suchen und diese konsequent anzugehen, wird die vermeintlich einfache »Leave it«-Strategie zur Pseudostrategie. Sie besteht als theoretische Option für den Einzelnen ohne praktische Relevanz, weil der Mut und der Wille fehlt, das Unternehmen tatsächlich zu verlassen.

Nichts ist leichter, als zu flüchten – aber ist dies wirklich eine echte Alternative? Es besteht auch nach einem Wechsel zu einer neuen Firma die Gefahr, dass dieselben Mechanismen wirken und es zu den bekannten Problemen kommt. »*Leave it*« ist daher keine naheliegende Erfolgsstrategie, sondern sie kann erst nach dem ergebnislosen Verfolgen der »*Love it*«- oder »*Change it*«-Strategie zu einer tatsächlichen Option werden.

3. Erfolgsstrategien für Rising Stars

Die Rising Stars haben in der Vergangenheit schon häufig einiges richtig gemacht, sonst wären sie nicht in dieser Position. Ihre eigene Erfolgsstrategie der Vergangenheit hat offensichtlich Früchte getragen. Es war also nicht nur eine Strategie, sondern sie war auch erfolgreich. Rising Stars müssen sich darüber klar werden, dass sie auf der nächsten Karrierestufe an höheren und vor allem anderen Anforderungen gemessen werden. Dabei werden die Themen und das Anspruchsniveau verschieden sein. Sie werden nicht an ihrer heutigen Peergroup gemessen, sondern an der der nächsten Ebene. Die Herausforderung ist also, dass man sich – während man sich noch auf seiner alten Position befindet – schon so verhalten sollte, als wäre man auf der nächsten Karrierestufe. Besonders wichtig erscheint uns in diesem Zusammenhang der Erwerb ambidextrischer Fähigkeiten und die Ausprägung eines eigenen Alleinstellungsmerkmals, eines USP.

Typischerweise eröffnen sich gerade für Rising Stars immer wieder neue Möglichkeiten, Themen zu übernehmen. Dies bietet ideale Möglichkeiten, den eigenen USP durch gezielte Auswahl frühzeitig zu entwickeln. Beispielsweise sollten Mitarbeiter in der Linie die Chance auf agile Projekte oder Aufgaben in anderen Unternehmensbereichen suchen und wahrnehmen. Zudem sollten Mitarbeiter, die viel Projekterfahrung gesammelt haben, die Möglichkeiten, tieferes fachliches Wissen zu erwerben, nutzen.

Darüber hinaus werden Karrieren über Seilschaften in der vertikalen Linie in Zeiten der ambidextrischen Organisation schnell zur Sackgasse. Es ist für Rising Stars durchaus eine Gefahr, dass sie viel zu stark auf die bestehenden vertikalen Linienorganisationen schauen, also auf Abteilungs- oder Bereichsleiter und Bereichsvorstand setzen, ohne zu wissen, wie lange diese Struktur stabil sein wird. Die Erfolgsstrategie für diese Mitarbeiter ist also nicht die naheliegende »Love it«-Strategie, sondern eine »Change it«-Strategie im oben beschriebenen Sinne.

4. Erfolgsstrategien für Insecure Overachiever

Dem Typus Insecure Overachiever würden Außenstehende immer eine »Love it«-Strategie empfehlen, aber aus der beschriebenen Unzufriedenheit heraus ist das keine wirklich Erfolg versprechende Option, da sich die Frustration dadurch nicht auflösen wird. Die Unzufriedenheit hält nicht nur an, sondern nimmt im Lauf der Zeit unaufhaltsam immer weiter zu.

13 Der Mitarbeiter hat die Wahl: Love it, change it or leave it

Die meisten *Insecure Overachiever* suchen, bewusst oder unbewusst, eine Exit-Perspektive, um mit ihrem Leben wieder in Einklang zu kommen. Eine zweite Möglichkeit besteht in der »Change it«-Option, die dem Betroffenen häufig von nahestehenden Personen empfohlen wird, wenn sie sich diesen gegenüber öffnen. Wieso sind diese Strategien aber so schwer umzusetzen?

Die Insecure Overachiever gelten im Unternehmen als die perfekten Problemlöser, sodass ihre Reputation und auch ihr Selbstbild auf dieser Einschätzung basieren. Wenn nun ein derartiger Mitarbeiter seine bereits lange andauernde Unzufriedenheit offenbaren möchte, dann wäre dies für ihn eine fast unüberwindbare psychologische Hürde. Er müsste eingestehen und zugeben, dass er etwas sehr Wichtiges in seinem Leben, das Freud'sche »Ich«, nicht im Griff hat. Damit könnte er sein Alleinstellungsmerkmal vor Dritten zerstören. Aus Perspektive der jeweiligen Führungskraft sieht dieses Thema möglicherweise anders aus. Während der Einzelne eine »Change it«-Strategie nur schwer durchsetzen kann, wird ein Vorgesetzter eine solche vermutlich wertschätzen und gutheißen. Wenn die vermeintlichen Superstars eigene Probleme artikulieren können, dann steigen meist die Anerkennung und die Achtung vor deren Persönlichkeit. Da die Führungskraft typischerweise selbst mit vielfältigen persönlichen Problemen und Konflikten kämpft, wird der Mitarbeiter nahbarer, sympathischer und somit menschlicher. Er ist nicht mehr die »*Arbeitsmaschine*«, sondern wird aus Sicht des Vorgesetzten plötzlich als Person wahrgenommen. Dennoch ist die psychologische Hürde, sich zu öffnen, für den Einzelnen meist stärker als die unsichere Perspektive auf einen verständnisvollen Vorgesetzten. Mitunter spielt auch das Lebensalter des Insecure Overachievers eine Rolle, weil junge Mitarbeiter sich typischerweise schwerer tun, persönliche Probleme zuzugeben, als gereiftere Persönlichkeiten.

Wir empfehlen daher den Insecure Overachievern, genau zu prüfen, ob sie sich eine »Change it«-Strategie, die eigentlich ideal wäre, zutrauen. Es gehört durchaus Mut dazu, eigene Bedürfnisse zu artikulieren, da man Facetten der eigenen Persönlichkeit aufzeigen muss, die in der bisherigen Karriere noch nie eine Rolle gespielt haben. Diese Offenlegung mag besonders bei jungen Mitarbeitern selbst als Schwäche wahrgenommen werden, obwohl dies, wie beschrieben, von der Führungskraft eher als Stärke eingeordnet wird. Hilfreich ist es in derartigen Situationen, externe Hilfe, beispielsweise über einen Coach, zurate zu ziehen. Wenn die so ausgestaltete »Change it«-Strategie für den Mitarbeiter jedoch zu schwierig erscheint, bleibt nur

13.5 Generelle Erfolgsstrategie für alle Kategorien

noch das »Leave it«. Aber dann besteht die Gefahr, dass sich die Probleme des Einzelnen im Umgang mit dem Arbeitsplatz, dem persönlichen Öffnen und der Work-Life-Balance im neuen Unternehmen wiederholen und dass er das neue Hamsterrad nur gegen das alte ausgetauscht hat, um in einigen Jahren wieder vor denselben persönlichen Problemen zu stehen.

> **Zusammengefasst:** !
>
> Es gibt kein abstraktes allgemeingültiges Muster für Mitarbeiter, wie persönliche Erfolgsstrategien in der neuen Organisationsrealität aussehen können. Lebenssituationen, Präferenzen, Möglichkeiten und die psychologische Situation des Einzelnen sind viel zu unterschiedlich und divergieren stark.
>
> Trotzdem gibt es für die einzelnen Personengruppen grundlegende Erfolgsstrategien, die wir an den Dimensionen Zufriedenheit und Perspektive festmachen. Gemeinsamkeit der oben beschriebenen Erfolgsstrategien ist jedoch die persönliche Aktivität und die bewusste Entscheidung für das Verfolgen einer bestimmten Strategie. Passivität war noch nie ein Erfolgsmuster und wird es auch in der neuen Organisationsrealität nicht sein. Selbst eine vermeintlich passive »Love it«-Strategie verlangt vom Einzelnen Aktivität und Initiative.

14 Die erfolgreiche Führungskraft kennt und überzeugt über ihren persönlichen USP

Im Mittelpunkt dieses Kapitels steht die Führungskraft, für die wir die Erfolgsstrategien in der ambidextrischen Organisation formulieren. Auch in »beidhändigen« Unternehmen gibt es nach wie vor Führungskräfte, die wir definieren als das Bindeglied zwischen den Top-Führungskräften eines Unternehmens (Geschäftsführung, Vorstand) und den Mitarbeitern ohne Führungsverantwortung. Führungskräfte im Sinne dieser Definition gibt es auch in Start-ups, sobald sie eine gewisse Größe erreicht haben (die Schwelle liegt bei ungefähr 20 Mitarbeitern). Sie heißen dann Projektleiter oder Product Owner o. ä., sind aber in ihrer Funktion Führungskräfte.

Der Fokus der erfolgreichen Führungskraft in der neuen Organisationsrealität ist auf das eigene Profil und Alleinstellungsmerkmal gerichtet, auch Unique Selling Proposition (USP) genannt. Das ist insofern relevant, da in der vertikalen Organisation Abteilungsleiter, Bereichsleiter und Gruppenleiter oftmals tragende Säulen eines Unternehmens sind, deren Vorstände sich mit strategischen oder übergreifenden, nichtoperativen Themen beschäftigen. Die Führungskräfte lösen in der herkömmlichen Organisation die inhaltlichen Herausforderungen, sind zentral in die Mitarbeiterführung involviert und dabei Ansprechpartner in allen Personalthemen. Die Führungskräfte machen überwiegend die Kultur innerhalb eines Unternehmens aus. Sie sind gleichermaßen Motor und ausführendes Organ für das Unternehmen.

Diese Führungskräfte zeichnen sich häufig durch heterogene Lebensentwürfe aus. Sie orientieren sich teilweise an Work-Life-Balance und möchten als Führungskraft das Unternehmen nicht in den Lebensmittelpunkt stellen. Vielmehr wollen sie auch genügend Zeit für ihr Privatleben haben, für Familie und Hobbys. Es gibt aber auch Führungskräfte im mittleren Alter, die absolut karriereorientiert sind. Das sind auch diejenigen Personen, die abends am längsten im Unternehmen zu finden sind. Warum ist das so zu beobachten? Tagsüber erledigen diese Führungskräfte alle operativen Aufgaben, und abends bewältigen sie alle Sonderprojekte des Vorgesetzten oder eines Vorstands. Gegen Ende des Arbeitstages suchen sie häufig auch das persönliche Gespräch mit anderen ambitionierten Mitarbeitern, um sich zu vernetzen oder zu Themen auszutauschen. Sie sind dadurch in einer Sandwich-Position zwischen sehr fordernden Vorständen, die neue Themen umgesetzt haben wollen, und dem operativen Tagesgeschäft, das nicht immer so ohne Aufwand zu führen ist, wie die Führungskräfte sich das vorstellen. Sie müssen oftmals auch schmerzhaft lernen, dass sie unter anderem deshalb Führungskraft geworden sind, weil sie mehr gearbeitet haben und engagierter sind als andere. Sie tun sich daher schwer, zu akzeptieren, dass ein Mitarbeiter mit einem ganz anderen Motivationskompass seinen Arbeitstag bereits am Nachmittag beendet und nach Hause geht.

Aber warum ist die Führungskraft überhaupt in diese Position gekommen? Meist ist sie fachlich überzeugend oder überragend und daher häufig erster Ansprechpartner für alle Sonderaufgaben, für operative Themen, aber auch für das Top-Management. Schon allein aufgrund ihres Lebensalters sind sie in einer besonderen Situation: Vielfach haben sie Familien mit jungen Kindern, oftmals haben sie bereits eine Immobilie erworben und Lebenspartner, die auf diese herausfordernde Situation im Unternehmen Rücksicht nehmen müssen. Für viele stellt sich die Frage nach der Bedeutung der beruflichen Karriere: Sie erleben dabei keine persönliche Midlife-Crisis, sondern sie fragen sich, was sie beruflich noch erwarten können. Sie zweifeln eher nicht an den eigenen Fähigkeiten, sondern bei ihnen besteht Ungewissheit darüber, ob ihre Kompetenzen und ihr Arbeitseinsatz sich adäquat in Karriereerfolg umsetzen lassen und sich dadurch für sie auszahlen. In Analogie sprechen wir daher von einer Midcareer-Crisis. Bei ihr stehen die Fragen im Mittelpunkt, ob man noch den Sprung in die Unternehmensleitung schafft, ob sich die Lebensträume verwirklichen lassen und ob sich der entsprechende Arbeitsaufwand lohnt – oder muss man sich mit dem begnügen, was man bislang erreicht hat?

Die Erfolgsstrategien für Führungskräfte und Manager im ambidextrischen Umfeld der neuen Unternehmensrealität können vor diesem Hintergrund mit vier Leitlinien beschrieben werden.

14.1 Leitlinie 1: USP definieren und materialisieren

Der hier von uns gemeinte USP beschreibt das persönliche Profil einer Führungskraft im Unternehmen. Dieses Profil wird dann zum Selling Point – als Unique Selling Proposition –, wenn es für das Unternehmen eine besondere Relevanz besitzt. Im herkömmlichen Unternehmensumfeld stellt der USP nach unserer Beobachtung in den meisten Fällen das Ergebnis eines Prozesses dar, der nicht von der Führungskraft gesteuert und eher das Resultat einer subjektiven Wahrnehmung des Top-Managements ist. Nur sehr wenige Manager überlegen sich für ihre eigene Karriere, wie sie

14.1 Leitlinie 1: USP definieren und materialisieren

einen USP aufbauen wollen und wie sie diesen realisieren können. Meistens ist der USP ein Zufallsprodukt mit mehreren Facetten, aber nicht das Ergebnis einer durchdachten und klar definierten Karriereentwicklung. Die Konsequenz ist, dass eine Führungskraft heutzutage ihr eigenes Profil nicht oder nur sehr unklar kennt; oftmals hat sie auch keine oder kaum Überlegungen angestellt, wie eine erfolgreiche Profilierung aussehen könnte. Dieses fehlende Eigenprofil steht häufig im Widerspruch zu dem, was Führungskräfte beim Verkauf von Produkten des Unternehmens machen. Dort ist die Frage nach der Positionierung, der Zielgruppe, dem USP und der Abgrenzung vom Wettbewerb Tagesgeschäft für alle, die im Vertrieb und Marketing des Produktbereichs tätig sind. Dieser Personenkreis verwendet jedoch meistens keine Zeit darauf, den eigenen USP zu definieren.

In einer Linienorganisation ist alles noch recht einfach, denn es gibt eine überschaubare Anzahl von Profilen. Die Bewertung erfolgt oftmals eindimensional anhand von gut oder schlecht, allenfalls noch hinsichtlich fachlicher Qualifikation oder Führungskompetenz. Beispielsweise ist der Manager fachlich sehr gut, weist jedoch noch Schwächen hinsichtlich der Führung auf – oder er ist eine beliebte Führungskraft, hat aber Defizite auf der fachlichen Seite.

In der ambidextrischen Organisation dagegen explodiert die Anzahl der möglichen Profile: Die Führungskraft arbeitet in der Linie und in Projekten, nur in mehreren Projekten, in agilen und konventionellen Projekten, mit Mitarbeitern in DigiLabs und Mitarbeitern aus der Linie – jede größere Organisation kennt noch eine Vielzahl von deutlich mehr Sondervarianten.

Es liegt also auf der Hand, dass in Zeiten der neuen Organisationsrealität das Profil, der USP, des Einzelnen verschwimmt und noch unklarer wird, wenn es ungesteuert bleibt wie in der vertikalen Organisationsrealität. Für eine Führungskraft stellt es ein Problem dar, nur noch aus der Perspektive Dritter wahrgenommen zu werden. Das Verschwimmen der Profile ist jedoch gleichzeitig auch eine Möglichkeit zur bewussten Gestaltung. Die Führungskraft hat die Wahl: Sie kann sich treiben lassen, oder sie nimmt die Chance wahr, ein wirklich eigenes Profil zu schaffen. Wenn man das Auswahlprozedere eines Headhunters als Beispiel betrachtet, dann suchen diese immer nach einem ganz spezifischen Profil.

Wenn man aus einer konventionellen vertikalen Linienorganisation kommt, könnte ein Beispiel für eine Erfolgsstrategie sein, zusätzliches Digitalisierungs-Know-how aufzubauen. Es geht darum, heterogene Fähigkeiten in sich zu bündeln, dabei jedoch nicht »more of the same« und auch nicht zu viele unterschiedliche Themen zu bearbeiten, um nicht beliebig zu werden. Optimal ist es, eine Fähigkeit aus der konventionellen Linientätigkeit mit einer Fähigkeit aus der neuen Welt zu kombinieren. Möglicherweise erfordert das auch, das Gewohnte, Vertraute und bislang Erfolgreiche zu verlassen, um Neues kennenzulernen und damit die individuellen Fähigkeiten und den USP auf ein höheres Niveau zu bringen.

14.2 Leitlinie 2: Ambidextrie als Schlüsselkompetenz aufbauen

Wie wir dargelegt haben, beschreibt Ambidextrie die Fähigkeit, zwei unterschiedliche Geschäftsmodelle parallel zu beherrschen und zu managen. Dieses Verständnis von Ambidextrie, die normalerweise auf ein Unternehmen mit zwei Konzepten – ein komplett neues Geschäftsmodell kombiniert mit einem bestehenden – angewandt wird, kann im Analogieschluss auch auf die einzelne Führungskraft übertragen werden. Dieser steht die Möglichkeit offen, verschiedene Tätigkeitsprofile erfolgreich zu beherrschen. In der Vergangenheit war der monodextrische Manager, zum Beispiel der Abteilungsleiter, in einer vertikalen Linienorganisation der prädestinierte Nachfolger der vorgesetzten Führungskraft in der Linie, solange er seine monodextrischen Fähigkeiten angemessen weiterentwickelt hatte. Heute bleibt man mit einer monodextrischen Ausrichtung in der ambidextrischen Organisation voraussichtlich stecken. Die alte Erfolgsstrategie für die Karriereplanung wird zur *Misserfolgsstrategie*.

Erfolgreiche Führungskräfte und Manager zeichnen sich oft durch enormen Fleiß und Leistungsbereitschaft aus. Sie sagen meist nicht *Nein*, nehmen alle anfallenden Aufgaben wahr und werden so ungewollt und ohne wirkliche Planung zur multidextrischen Führungskraft. Sie haben auch meist nicht den einen persönlichen Ziel-USP im Blick, sodass es ihnen überhaupt schwerfällt, zu beurteilen, was auf ihre künftige berufliche Positionierung und Karriere einzahlt und was nicht. Weil sie nie *Anfragen ablehnen*, sind sie beim Top-Management außerordentlich beliebt. Aber sie entwickeln keinen wirklichen USP, der ihnen bei einem möglichen nächsten Karriereschritt weiterhelfen würde, weil sie ungesteuert *Ja* sagen und es gewohnt sind, dass dies sie in der beruflichen Entwicklung weiterbringt. Einsatzbereitschaft und universelle Verwendbarkeit sind jedoch keine persönlichen Differenzierungsfaktoren, sobald es um ambidextrische Herausforderungen geht, sondern werden bestenfalls wohlwollend zur Kenntnis genommen und individuell vorausgesetzt. Führungskräfte, die auf die Top-Ebene innerhalb oder außerhalb des bestehenden Unternehmens kommen wollen, müssen sich fragen, aus welchen Gründen und mit welchem Profil die Personalabteilung sie vorschlagen oder der Headhunter sie beim Kunden positionieren soll. Hier hilft für die Schärfung der gedankliche Elevator Pitch: Kann eine Führungskraft ihr persönliches Profil als ambidextrischen USP in 20 Sekunden beschreiben? Wenn man monodextrisch oder multidextrisch arbeitet und sich extern verändern möchte, um sich zu verbessern, unterliegt man derselben Illusion: Es wird schwer werden, eine entsprechende Top-Position zu bekommen. Vielmehr wird es notwendig sein, zunächst ein ambidextrisches Profil aufzubauen, bevor man wechseln kann.

14.3 Leitlinie 3: Netzwerke aufbauen, pflegen und aktiv nutzen

Networking im beruflichen Kontext bezeichnet die Vernetzung mit Personen außerhalb des eigenen formalen Organisationsausschnitts. Es geht bei dieser Leitlinie für die Erfolgsstrategie also nicht darum, mit Arbeitskollegen der eigenen Organisationseinheit essen zu gehen oder sich privat gegenseitig einzuladen. Vor dem Hintergrund der neuen Organisationsrealität gilt es vielmehr, eine Vernetzung innerhalb oder außerhalb des Unternehmens umzusetzen. Mit Vernetzung meinen wir hier nicht, sich bei LinkedIn oder Xing anzumelden. Es mag vielleicht sinnvoll sein, dort Informationen auszutauschen, es fehlt aber der persönliche, vertrauliche Kontakt. Die Leichtigkeit der Formulierung einer Kontaktanfrage korreliert direkt mit der Unverbindlichkeit dieser Anfrage. Ohne persönlichen Kontakt ist die Verlinkung in den sozialen Netzwerken für die berufliche Weiterentwicklung allenfalls bedingt geeignet. Es geht bei dieser Leitlinie also darum, persönliche Kontakte außerhalb der eigenen Organisation aufzubauen.

Idealerweise sollte man im Sinne einer Erfolgsstrategie das eigene Netzwerk so gestalten, dass es auf den persönlichen USP wirken kann. Der Wertbeitrag zu diesem ist das entscheidende Kriterium bei der Auswahl und bei Networking-Entscheidungen. Wer beispielsweise ein Netzwerk im Rotary Club anstrebt, wird dadurch bestimmt allgemeine Führungskräfte ansprechen. Diese Kontakte werden allerdings nur in den seltensten Fällen auf den eigenen USP einzahlen und bei der eigenen Profilierung weiterhelfen. Ganz anders verhält es sich, wenn man sich im Bereich der Digitalisierung weiterentwickeln möchte und sich als Networker in einem DigiLab oder DigiNetzwerken bewegt. Diese Kontakte können helfen, eigene Defizite hinsichtlich der Digitalisierung abzubauen und einen gewissen USP in diesem Bereich zu verstärken.

Viele ambitionierte Manager würden die Bedeutung interner oder externer Netzwerke für die eigene Karriere als hoch oder sehr hoch einschätzen. Aber schaut man, wie viel Zeit und Einsatz hierauf verwendet werden, sieht die Realität ganz anders aus. Die Wahrnehmung der Relevanz von Netzwerken und das eigene Handeln stehen in diametralem Widerspruch. Wäre es ein zu hohes Ambitionsniveau, beispielsweise einen externen Kontakt pro Woche zu haben oder bei einer angenommenen Arbeitswoche von 40 Stunden eine Stunde in Beziehungspflege zu investieren? Das wären lediglich 2,5 Prozent der Arbeitszeit, aber eventuell ergeben sich daraus 50 gepflegte Kontakte pro Jahr! Die Frage ist also: Wie viel Prozent der Arbeitszeit möchte eine Führungskraft in dieses Thema investieren? Auch das sollte die Führungskraft gezielt planen und entsprechende Termine bewusst im Kalender wöchentlich und monatlich als persönliche Kontaktpflege vorsehen.

14.4 Leitlinie 4: Work-Life-Balance bewusst gestalten

Sehr klassisch ist es, wenn Führungskräfte in ein Unternehmen eintreten, dort aufsteigen, eine Familie und damit ein Zuhause gründen. Heutzutage ist es ebenso nicht selten, dass Führungskräfte die Woche über in der Nähe ihrer Arbeitsstelle wohnen und nur am Wochenende heimfahren. Das Zuhause wird unabhängig vom jeweiligen Job zur eigentlichen Konstante im Leben. Natürlich gibt es auch hier alle Zwischenformen.

Dabei beinhaltet der Begriff Work-Life-Balance zwei Komponenten, die in ein Gleichgewicht gebracht werden müssen. Dies bedeutet, dass man beide Bereiche beachten und wertschätzen muss. Partner oder Partnerin sind nicht weniger wichtig, sondern müssen grundsätzlich dieselbe Bedeutung bekommen wie das Arbeitsleben.

Spätestens wenn man den Job verliert, stellt sich die Frage, was dann noch übrig bleibt. Wenn das Privatleben scheitert und eine Trennung ansteht, ist dieser Prozess genauso negativ. Die Erfolgsstrategie kann also nur lauten, den Partner genauso ernst zu nehmen wie den Chef! Daher sollte man in der persönlichen Bilanz innerhalb eines bestimmten Zeitraums genauso viele Geschäftstermine absagen wie Termine mit dem Partner oder der Partnerin.

14.4 Leitlinie 4: Work-Life-Balance bewusst gestalten

Praxisbeispiel:

Ein Manager aus dem Vertrieb nimmt die Chance wahr, das DigiLab an einem anderen Standort zu übernehmen. Er ist in seiner alten Funktion sehr erfolgreich, kommt jedoch aufgrund der großen Zahl anderer Führungskräfte mit Top-Leistungen im Unternehmen mit seiner Karriere nicht weiter. Seine Familie bleibt am alten Standort, da dort ein Eigenheim erworben wurde, die Kinder zur Schule gehen und die Ehefrau in der Nähe ihrer Eltern wohnen bleiben möchte. Der Manager war von seinem alten Job gelangweilt und daher auch sehr offen für die berufliche Chance, seiner Neigung nachzukommen, Technologie und Neues auszuprobieren. Technik und Systematik sind seit jeher positiv belegt, und hinter dem möglichen kurzfristigen Misserfolg steht die Ausweitung des persönlichen Erfahrungshorizontes, die grundsätzlich positiv zu bewerten ist. Aufgrund seiner vertrieblichen Tätigkeit und persönlichen Eigenschaften ist er als »People-Manager« bestens in seinem Umfeld vernetzt und hat punktuell auch Kontakte zu Technologie und Digitalisierung gepflegt. Daher stellt es für ihn kein grundsätzliches Problem dar, in den neuen Bereichen schnell ein Netzwerk aufzubauen.

Was kann man beobachten, wenn man die Leitlinien der beschriebenen Erfolgsstrategien auf diese Ausgangssituation anwendet?

Leitlinie 1: Bezüglich der Karriere wird es richtig sein, dass unser Manager seine bisher monodextrische vertriebliche Arbeitsweise zu einer ambidextrischen weiterentwickelt, aber nicht den Fehler macht, beliebig und multidextrisch zu handeln.

Leitlinie 2: Aus den konkreten Projekten im DigiLab muss unser Manager nicht nur ein ambidextrisches Alibi-Profil aufbauen, sondern er muss ein tatsächliches Fähigkeiten-Set entwickeln. Dabei könnte es um Epics gehen, also um Beschreibungen von neuen Anforderungen und ihre Ausdifferenzierung, oder um Minimum Viable Products (MVP)[12], also um Produktdefinitionen in der Digitalisierungswelt mit minimalem Funktionsumfang, die ein Nutzer-Feedback zur Weiterentwicklung ermöglichen.

---

12 Vgl. Techopedia (2019)

14 Die erfolgreiche Führungskraft kennt und überzeugt über ihren persönlichen USP

Zudem kann unser Manager beispielsweise mit einem Fünfjahresvertrag und aufgrund persönlicher Eigenschaften wirklich ambidextrische Fähigkeiten aufbauen, die nachhaltig mit seinem persönlichen Profil verbunden werden.

Leitlinie 3: Es wird für unseren Manager notwendig sein, sein bestehendes Netzwerk zu verändern. Auch wenn es nach einem Wechsel naheliegt, die Kontakte zur Peergroup in der alten Welt zu pflegen, muss unser Manager stattdessen gezielt sein Netzwerk in der neuen zweiten Dimension, in der ambidextrischen Welt, aufbauen. Es wird auch erforderlich sein, externe Kontakte stärker zu pflegen. Dadurch wird unser Manager auch für Headhunter zunehmend attraktiv, und der eigene, individuelle Marktwert wird deutlich steigen.

Leitlinie 4: Die Work-Life-Balance wird vermutlich das größte Problem für unseren Manager darstellen, da die neue Herausforderung sehr zeitaufwendig sein wird und an einem anderen Ort stattfindet. Diese Situation wird zu einer zunehmenden Belastung für das Privatleben führen.

! **Zusammengefasst:**

Viele ambitionierte Manager sind die tragenden Säulen ihrer Organisation. Fachlich kompetent und erfahren in Führungsthemen, lösen sie meist die operativen Themen der Organisation. Aus ihrem Selbstverständnis heraus sind sie erste Ansprechpartner für neue Herausforderungen und Zusatzthemen des Top-Managements. Neben der Bewältigung einer enormen Arbeitsbelastung bemühen sie sich, die Anforderungen des Privatlebens ebenfalls bestmöglich zu erfüllen. Sie versuchen meistens, auch dort so erfolgreich zu sein wie in ihrem Job, obwohl es im Privatleben nicht um gut oder schlecht geht, sondern häufig andere Dimensionen wichtiger sind.

Dies führt vielfach dazu, dass nominelle Freizeit in Arbeitszeit und Zeit mit der Familie aufgeteilt wird. Wer kennt nicht Manager, die abends oder am Wochenende, wenn die Familie schon (oder noch) schläft, schnell noch ein paar E-Mails beantworten oder eine Unterlage überarbeiten? Alles aus Ehrgeiz oder der eigenen Unsicherheit heraus, nicht gut genug zu sein oder den Anforderungen des Vorgesetzten nicht zu genügen. Das Resultat sind extrem eng getaktete Arbeits- und Wochenendtage ohne eigentliche Zeit für die Selbstreflektion. Der übergreifende Erfolgsfaktor für die hier beschriebene Führungskraft liegt demnach in »Arbeite smarter, nicht härter«. Ein weiteres Zusatzprojekt zu übernehmen wird vermutlich keinen Einfluss auf die Karriere als ultimatives berufliches Ziel haben. Gerade in unseren Zeiten disruptiver Veränderungen wird es für das eigene Weiterkommen entscheidend sein, zu reflektieren, den USP aufzubauen, Netzwerke zu pflegen und last but not least dem Privatleben genügend Raum

14.4 Leitlinie 4: Work-Life-Balance bewusst gestalten

zu geben. Die eigene Familie und Freunde sind nicht nur eine notwendige, sondern vielleicht sogar die einzige Konstante über verschiedene Karriereschritte hinweg. Für alle, die eine wirtschaftliche Betrachtungsweise präferieren, kann man die Frage nach dem ökonomischen Grenznutzen stellen. Was bringt mehr: die zusätzliche Stunde am Abend in die bestehende Arbeit und die Weiterentwicklung der eigenen Karriere zu stecken oder die Zeit mit Familie und Freunden zu verbringen? Wie auch immer die individuelle Bewertung sein wird, die Präferenz wird vermutlich nicht beim noch härteren Arbeiten liegen.

Viele Führungskräfte zahlen nicht nur einen hohen Preis, vielmehr sitzen sie gar nicht bewusst am Lenkrad, sondern sind fremdgesteuert. Dabei geht es eigentlich darum, bewusst eine Entscheidung zu treffen, in welche Richtung man sich weiterentwickeln möchte – nicht das Getriebenwerden zu akzeptieren, sondern geplant zu bestimmen, womit man die Zeit verbringen möchte: mit der bestehenden Tätigkeit, dem Aufbau eines USP, dem Erwerb von ambidextrischen Fähigkeiten, dem Pflegen von Netzwerken oder dem Privatleben?

15 Der erfolgreiche Top-Manager ist künftig ein ambidextrischer Manager

In diesem Kapitel beschäftigen wir uns mit den Erfolgsstrategien für Top-Manager. Auch in den neuen Organisationsformen wird es abgestufte Verantwortung geben, die einzelnen Personen zugeordnet ist. Der zentrale Bewertungsmaßstab für einen Manager ist das erfolgreiche Führen eines Unternehmens, wobei die Frage, was Erfolg genau bedeutet, an dieser Stelle nicht erörtert werden soll. Beim erfolgreichen Führen kommt es nicht so sehr darauf an, welchem konkreten Erfolgsmaßstab ein Manager unterliegt, denn wenn sich die Rahmenbedingungen für das Unternehmen stark ändern, werden sich auch die Ergebnisparameter für den Einzelnen verändern. Es kann sein, dass das Tradierte als Grundlage für das Zukünftige prinzipiell funktioniert und erfolgreich ist. Dagegen wird ein an unveränderten Erfolgsmaßstäben ausgerichtetes Handeln bei einer Veränderung des Unternehmensumfelds scheitern.

Hierbei ist grundlegend, dass die Veränderungsrate und die Entwicklungsgeschwindigkeit steigen, dass aber die Planungsmöglichkeit sinkt. Daher sind Flexibilität und Fokussierung auf die Fähigkeiten innerhalb eines Unternehmens entscheidende Faktoren. Natürlich kann dabei keiner absehen, was die Zukunft bringen wird, zumal sich Wettbewerber, Markt und Kunden weiter dramatisch verändern werden. Wurde in der Vergangenheit die Zukunft des Unternehmens mit einem Zeithorizont von einem oder mehreren Jahren geplant, so ist heute kaum absehbar, vor welchen Herausforderungen die Unternehmen und ihre Manager in sechs oder zwölf Monaten stehen werden.

Aufgrund dieser Überlegungen und Gegebenheiten haben wir vier Erfolgsstrategien für Top-Manager entwickelt, die mit ihren Leitlinien in diesem dynamischen Umfeld die Basis zum Handeln bilden.

15.1 Leitlinie 1: Entwicklung einer sinnstiftenden Vision

In der Vergangenheit ist der Begriff *Vision* mitunter belächelt worden. Ihre konkrete Ausgestaltung stellte eher eine abstrakte Gedankenübung dar, der man sich unterziehen musste, da jedes gut geführte Unternehmen den Anspruch hat, eine Vision zu leben. Dabei war deren Entwicklung oftmals eine akademische Übung, die in der geschäftlichen Realität schnell vergessen wurde oder in der praktischen Umsetzung keinerlei Bedeutung hatte. Aber, wie bereits ausgeführt, wird die eigentliche Geschäftsstrategie immer mehr an Bedeutung verlieren. Damit löst die Vision die Strategie als sinnstiftenden Rahmen ab und wird zum verbindenden Band für alle Mitarbeiter. Anstatt sich der Strategieentwicklung zu widmen, wird die Entwicklung, Verankerung und Pflege der übergreifenden Vision zur zentralen Aufgabe für das Top-Management. Dabei muss die Vision die Mitarbeiter erreichen und dazu motivieren, Teil dieser Vision zu werden. Sie muss gleichermaßen plastisch und attraktiv sein – das gilt für das Management selbst, aber vor allem primär für jeden einzelnen Mitarbeiter.

Wichtig ist, dass die Vision nicht nur entwickelt, sondern auch kommuniziert wird und erlebbar ist. Dabei kann es durchaus hilfreich sein, im Rahmen einer Mitarbeiterbefragung zu analysieren, in welchem Umfang und in welchen Details die Vision eines Unternehmens wiedergegeben werden kann. Wir sehen in der Praxis oft, dass die Beschäftigung mit der Vision in der heutigen Unternehmensrealität ein nachrangiges Thema ist. Forscht man bei Führungskräften und Mitarbeitern nach, welche Vision das Unternehmen hat, wird sie sicherlich ein großer Teil der Befragten gar nicht oder nur falsch schildern können.

Dies wird sich mit dem zunehmenden Bedeutungsverlust der Geschäftsfeldstrategie verändern, da die Unternehmensvision im gleichen Maß an Gewicht gewinnen wird und zu einer zentralen Aufgabe und einem wichtigen Element für einen Top-Manager mutiert.

15.2 Leitlinie 2: Führungskräfte weiterentwickeln – vom Umsetzungs- zum Gestaltungsauftrag

In der künftigen Unternehmensrealität wird es für Top-Manager zunehmend darauf ankommen, die Gestaltung der Zukunft vermehrt in die Hand der Führungskräfte zu legen und weniger die konkrete Lösung von Herausforderungen vorzugeben. In der Vergangenheit und bis in die Gegenwart hinein erhielten die Führungskräfte in aller Regel einen Umsetzungsauftrag, d.h., sie sollten ein Problem lösen. Das Ausmaß der Problemlösung wurde bewertet und nach diesem Ergebnis die Führungskraft beurteilt. Zukünftig geht es für Top-Manager überwiegend darum, einen

15.2 Leitlinie 2: Führungskräfte weiterentwickeln

Gestaltungsauftrag an die Führungskräfte zu definieren, also keine Problembeseitigung oder die Umsetzung einer Vorgabe zu formulieren, sondern Themen zu besetzen, daraus einen Gestaltungsauftrag zu formulieren und dessen Umsetzung zu verlangen. Dieser Gestaltungsauftrag kann sehr unterschiedlich aussehen. Entweder nimmt er die Form einer *Exploitation* an, zielt also auf die Weiterentwicklung des Bestehenden, oder er ergeht in Form einer *Exploration*, d. h., er dient der Erforschung des Unbekannten. Dabei gilt es für die Top-Manager, unterschiedliche Führungsprinzipien zu implementieren: Exploitation steht für lineare Weiterentwicklung oder Kausalität, Exploration für flexible *Effectuation*[13] *(siehe Kapitel 11)*.

Diese Überlegungen verdeutlichen wir am Beispiel eines technologisch getriebenen neuen Wachstumsfelds wie autonomes Fahren. In der Vergangenheit hätte man im Sinne einer Exploitation ein fünf- oder zehnjähriges Marktszenario definiert, den Zielmarktanteil für das Unternehmen festgelegt und dann Vorgehensweisen und Maßnahmen abgeleitet. Anschließend wurden Mitarbeiterkapazitäten und Budgets ermittelt. Exploration und Effectuation würden bedeuten, die Innovation innerhalb einer bestehenden Organisation anzusiedeln, aber eine andere Methodik anzuwenden. Der Gestaltungsauftrag stellt sich anders dar. Top-Manager definieren in diesem Zusammenhang zunächst, ob das Thema und der Markt für das Unternehmen Relevanz besitzen, ob beispielsweise das autonome Fahren umgesetzt werden soll und welche Priorität das Thema besitzt. Top-Manager müssen dann eine initiale Ausstattung der Führungskräfte mit Fähigkeiten und Ressourcen sicherstellen und dann alle drei bis sechs Monate den Stand und die erforderlichen Maßnahmen zur Weiterentwicklung prüfen, rapportieren lassen und entscheiden. Sie müssen die von den Führungskräften verantworteten Geschäftseinheiten in die Lage versetzen, wie Start-ups zu denken und sich flexibel an den Entwicklungen des Marktes zu orientieren. Es geht nicht mehr darum, vorzugeben, was zu tun ist, sondern die Einheiten müssen befähigt werden, selbstständig den Pfad zu begehen und die Entwicklung in den Themenfeldern voranzutreiben.

In der neuen Organisationsrealität besteht daher die Aufgabe der Top-Manager nicht mehr darin, Umsetzungsaufträge zu formulieren, sondern den Führungskräften einen Gestaltungsauftrag zu geben und es ihnen zu ermöglichen, die unternehmerische Vision erfolgreich umzusetzen.

---

13 Vgl. Sarasvathy, Saras D. (2001)

15.3 Leitlinie 3: Fokus auf Fähigkeiten statt auf Kapazitäten

In der konventionellen Welt stand die Weiterentwicklung des Bestehenden, die Exploitation, im Vordergrund. Es wurden Stellen beschrieben und Kapazitäten definiert und dann entsprechend ausgebaut. Die Besetzung von Stellen war bislang die Kernaufgabe des Personalbereiches und diese Arbeitsteilung gängige Praxis in den Unternehmen. Jetzt entstehen auf der Seite der Explorationen in den neuen Märkten zusätzliche Herausforderungen: Wie und in welchem Umfang werden die vorhandenen Mitarbeiter weiterentwickelt oder andere Mitarbeiter mit neuen Kompetenzen eingestellt? Fähigkeiten treten entsprechend in den Vordergrund, und die klassische Perspektive auf die Schaffung einer bestimmten Stellenanzahl mit einer definierten Stellenbeschreibung tritt in den Hintergrund. Das Top-Management muss dann mit der Unterstützung des HR-Bereichs diese Fähigkeiten implementieren. Hierbei dient die Unternehmensvision als Leitplanke, falls Schwierigkeiten auftreten.

Wenn ein Unternehmen in einem Marktsegment innovativ sein möchte, stellt sich die Frage, was in diesem Segment Innovationsfähigkeit bedeutet und welcher Fähigkeiten-Mix dafür benötigt wird. Dabei besteht die Anforderung, die Soll-Fähigkeiten für ein Unternehmen unabhängig von den bestehenden Funktionsbereichen zu definieren. Für jeden Einzelnen muss geschaut werden, welche Fähigkeiten er mitbringt und in welche Richtung er sich weiterentwickeln sollte. Die Mitarbeiter werden dabei nicht mehr als Kapazität gesehen, sondern als Individuen, die mit entsprechenden Maßnahmen unterstützt werden müssen.

Als Konsequenz des Wandels von Kapazitäten zu Fähigkeiten entwickeln sich auch komplett neue Anforderungen – beispielsweise im Bereich der Personalentwicklung. Bisher gab es Führungstraining 1, Führungstraining 2 und Führungstraining 3. Nach 1 kam 2, nach dem Abschluss die Möglichkeit, durch Führungstraining 3 die nächsthöhere Hierarchie aufzusteigen. Die hierarchisch aufgebauten generellen Fortbildungen verlieren jetzt jedoch komplett an Bedeutung. Das Top-Management muss dabei für eine Neugewichtung und für Ersatz dieser oftmals prestigeträchtigen Programme sorgen. Das Thema Fähigkeiten statt Kapazitäten hat daher nicht nur konzeptionelle Implikationen, sondern auch ganz konkrete Auswirkungen auf einzelne Unternehmensbereiche.

15.4 Leitlinie 4: Management der Unternehmenskultur

Neben der Vision bleibt die Unternehmenskultur als verbindendes und langfristig stabiles Element eines Unternehmens erhalten. In der neuen Organisationsrealität entstehen innerhalb des Unternehmens Einheiten mit sehr unterschiedlichem Gestaltungsauftrag, wobei die Bedeutung von Geschäftsfeldern und Funktionsbereichen abnimmt. Dabei ist die Kultur zwar immer präsent, wird aber häufig nicht als wesentliches Erfolgsmerkmal erkannt und priorisiert. Durch eine zunehmend ambidextrische Organisation mit unterschiedlichen Gestaltungsaufträgen nimmt die Bedeutung der Kultur als verbindendes Element aller Organisationseinheiten jedoch zu. Damit wird die Kultur neben der Vision zur zentralen Herausforderung für das Top-Management. Vision und Kultur bilden zukünftig die Klammer für das Handeln von Mitarbeitern in der Organisation, während die konventionellen und hierarchischen Strukturen drastisch an Bedeutung verlieren.

Praxisbeispiel:

Der CEO eines mittelständischen Unternehmens ist bestens vernetzt in den Bereichen Technologie und Industrie und mit Top-Beratungsunternehmen vertraut. Persönlich ist er offen für Neues und über seine breite Vernetzung hinsichtlich Innovationen immer auf dem neuesten Stand. Sein Selbstverständnis ist, dass er inhaltlicher Impulsgeber, Antreiber und kompetenter Ansprechpartner in fast allen Detailfragen ist, zudem versteht er Innovation als die Lösung für viele operative Probleme und als eine Chance zur Differenzierung vom Wettbewerb. Sein persönlicher Führungsstil ist als primär direktiv zu beschreiben, also weisungsorientiert für die Organisation.

Vor welchen Problemen wird dieser fiktive Manager zukünftig vermutlich stehen? Wie ist ein derart skizziertes Managementprofil im Lichte der oben beschriebenen Erfolgsfaktoren zu bewerten?

Leitlinie 1: Bei dem CEO kommt die unternehmerische Vision zu kurz, da sein Fokus auf der Implementierung von Einzelthemen liegt, die durch ihn gebündelt und zusammengehalten werden. Außerdem ist er stark impulsgetrieben, d. h., die Vision bleibt eine Leerstelle, die durch eine Abfolge von Einzelthemen ersetzt wird. Möglicherweise wird das Bündel der Einzelthemen dann als Vision eines extrem dynamischen und innovativen Unternehmens interpretiert, ohne dass eine Phase sinnvoller Reflexion eingeschoben wird. Der Gestaltungsrahmen des

Handelns der Führungskräfte und Mitarbeiter des Unternehmens wird dadurch eher zum zufälligen Ergebnis des Handelns selbst. Die Abfolge von Innovationen beruht nicht auf der Umsetzung einer echten Vision, sondern wird vom CEO meist nachträglich nur als visionär getrieben definiert, um eine Legitimität des eigenen Handelns zu erreichen.

Leitlinie 2: Auch der Gestaltungsauftrag an die Führungskräfte ist unter dem CEO vermutlich wenig ausgeprägt. Die Organisation erhält vom CEO einen reinen Umsetzungsauftrag und dafür auch Ressourcen, jedoch erhalten die Führungskräfte keine Kapazität dafür, andere Dinge zu machen, als es die Vorgaben des CEOs verlangen. Dadurch wird die Schwarmintelligenz der Organisation nicht genutzt, vielmehr hängt alles an der Intelligenz und Qualität des CEOs, der vorgibt, in welche Richtung die Organisation getrieben wird und was zu tun ist.

Leitlinie 3: Die Definition und Entwicklung der Fähigkeiten wird vermutlich ersetzt durch den Einkauf von multidextrischen Top-Mitarbeitern. Diese sind schneller verfügbar, als dass die Fähigkeiten im Unternehmen analysiert, bewertet und weiterentwickelt werden können, zudem können sie passgenau für die neuen Anforderungen rekrutiert werden. Die Diskussion der notwendigen Fähigkeiten wird also für die Organisation übersprungen und dieser Entwicklungsschritt durch den Einkauf von neuem Personal ersetzt. Wenn für die Zukunftsthemen jedoch immer neue Leute eingestellt werden, entwertet man die Potenziale der vorhandenen Mitarbeiter. Das Recruiting neuer Arbeitskräfte wird zum Misstrauensvotum für die existierende Organisation, und Karrierepfade für die bestehenden Mitarbeiter werden verschlossen.

Leitlinie 4: Die Kultur des Unternehmens wird vermutlich durch den dynamischen CEO geprägt. Eine langfristig stabile Unternehmenskultur als verbindendes Element in Zeiten starker Veränderungen wird durch die Kultur des Patriarchen ersetzt mit einer Haltbarkeit, die maximal bis zum Ausscheiden dieser Person anhält. Die auf einen Unternehmensleiter zugeschnittene Kultur kann eventuell gut für das Ego des Chefs sein, ist jedoch sicherlich nicht für die langfristige Ausrichtung und Stabilität eines Unternehmens hilfreich.

15.4 Leitlinie 4: Management der Unternehmenskultur

Zusammengefasst: !

Natürlich wird es auch in der neuen Organisationsrealität Top-Manager geben. Diese müssen die Grundlagen der Organisation verändern, was allerdings nicht mit einer konventionellen Reorganisation zu verwechseln ist. Sie müssen vielmehr Exploitation und Exploration parallel managen, also von der Vorgabe von Zielen hin zur Befähigung der Organisation, von einer Strategie zur Vision und von der Monodextrie zur Ambidextrie. Gleichzeitig müssen die Top-Manager dabei die Unternehmenskultur neu erfinden. Dabei ist die Rolle der Top-Manager vermutlich selbst den größten Veränderungen unterworfen – diese fallen ihnen aufgrund ihrer bisherigen beruflichen Karriere möglicherweise am schwersten. Ihre Erfolge in der Vergangenheit sind in diesem Fall die größten Hindernisse für die Veränderungen der Zukunft. Aber sind nicht gerade die großen Herausforderungen das, was Top-Manager suchen? Auch für sie existiert die Option, das Bestehende, das Tagesgeschäft linear weiterzuentwickeln, um in geordneten Bahnen ihre Karriere weiterzuführen. Die Frage ist, ob sie dann später, bei ihrem Ausscheiden oder der Pensionierung, Anerkennung hierfür bekommen. Möglich ist es, wahrscheinlich aber eher nicht, denn sie werden das Unternehmen aus der Perspektive Dritter nicht richtig vorangebracht haben. Es fehlt die Weiterentwicklung der Führung des Unternehmens an sich. Der Top-Manager muss operativ die Ambidextrie managen und gleichzeitig die Führung des Unternehmens weiterentwickeln. Nur dann wird er die Chance haben, als wirklich erfolgreich bewertet zu werden.

Für den Start in eine neue Welt gibt es nur einen richtigen Zeitpunkt: das Jetzt und das Heute. Es geht nicht um eine konventionelle Reorganisation mit einer klaren Zielstruktur und einer linearen Kausalität, um zum Ergebnis zu kommen. Es geht ausschließlich darum, im Sinne der flexiblen Exploration, eine ehrliche Bestandsaufnahme zu machen und dann die Reise der organisatorischen Veränderung zu beginnen, ohne zu wissen, wie das Ergebnis aussehen wird. Das wird einem Manager am schwersten fallen: eine Veränderung durchzuführen, ohne vorhersehen zu können, wo die Organisation in fünf Jahren stehen wird. Es wird ein kontinuierlicher Wandel stattfinden, und das Handeln des Top-Managers in der Vergangenheit, der ein Ziel hat, dieses umsetzt und dafür eine Anerkennung bekommt, wird nicht mehr funktionieren, weil es eine permanente Abfolge von Veränderungen geben wird.

Durch Einbezug der Führungskräfte im Sinne eines Gestaltungsauftrags wird die Weiterentwicklung der Organisation zur gemeinsamen Reise. Die Erfolge der Vergangenheit werden das Vertrauen in die eigenen Fähigkeiten stärken, auch diese, vielleicht die größte Herausforderung für Top-Manager in ihrer Karriere erfolgreich zu bewältigen.

16 Die ambidextrische Organisation als Lösung für Unternehmen

Die ambidextrische Organisation mit ihren Herausforderungen und Problemen haben wir bereits dargestellt. Die vielfältigen Organisationsformen, die wir heute beobachten, sind vor dem Hintergrund strategischer Herausforderungen und operativer Probleme entstanden. Wesentliches Merkmal dieser neuen Organisationsrealität ist aus unserer Sicht, dass die Diversität der Organisationsformen als Reaktion auf individuelle und vereinzelt wahrgenommene Probleme ad hoc entstanden ist. Die Verantwortlichen haben versucht, diese Herausforderungen für die Unternehmen zu lösen und haben die Organisationsform oder organisatorische Maßnahmen jeweils nachgelagert so gewählt, dass sie der neuen Komplexität angemessen erscheinen. Hierbei herrscht aufgrund der Besonderheiten der Disruption Unsicherheit. Wenn es darum geht, den Untergang der Dinosaurier abzuwenden, können organisatorische Überlegungen nicht so wichtig sein! Und so bringt heutzutage beispielsweise jeder Technologie-Provider sein eigenes Organisationsmodell und seine eigene Organisationstechnik mit und verankert sie als Kernmethodik und Herangehensweise im Unternehmen. Der eine setzt beispielsweise auf ein Minimum Viable Product (MVP), eine Lösung, die als minimale und innovative Umsetzung einer Gesamtproblematik dargestellt wird, der andere führt einen Proof of Concept (PoC) durch und überprüft durch dieses Vorgehen erst einmal, ob seine Strategie funktioniert, andere wiederum setzen zur Lösungsdefinition Design Thinking Workshops ein – und besonders attraktiv erscheint natürlich das Ergebnis der Kombination aller neuer Methoden: zuerst ein PoC, dann ein Design Thinking Workshop und anschließend die Umsetzung eines MVPs. Das bedeutet für die Unternehmensrealität, dass sich organisatorische Lösungen und unterschiedliche Methoden und Vorgehensweisen überlagern.

Der Trend zur nicht mehr bewältigbaren und ungesteuerten Vielfalt verstärkt sich noch dadurch, dass viele methodische Ansätze die Ambition auf eine Vision mitbringen und damit den Anspruch mitführen, die Vision von bestehenden Unternehmensbereichen neu zu definieren. Nicht nur zu arbeiten, sondern eine Vision zu haben, ist zudem auch der Eigenanspruch vieler Externer, Berater, Dienstleister und Technologie-Provider, die zu Recht oder zu Unrecht von ihrer Leistung und ihrem Ansatz überzeugt sind. In den jeweiligen Initiativen werden Visionen so vielfach bottom-up entwickelt, die aus der Perspektive der einzelnen Projekte sicherlich ihre Berechtigung haben, denen aber aus dem gleichen Grund die Top-down-Relevanz fehlt. Diese Zukunftsbilder aus der Froschperspektive fallen vielfach auf fruchtbaren Boden, denn die einbezogenen Mitarbeiter lassen sich hiervon gern begeistern, da sie in diesen Zeiten großer Veränderungen nach Orientierung suchen und sich daher auch gerne durch Visionen motivieren lassen. Das sieht man auch bei Führungskräften, die durch die Einführung einer neuen organisatorischen Methode glauben, die eigene Organisation wieder zu motivieren, frische Impulse zu geben und entsprechend voranzubringen.

Dieses ist ein zweites wesentliches Merkmal der ambidextrischen Organisation: Neben die rein organisatorische tritt die visionäre Dimension. Führt man diesen Ansatz weiter und nimmt an, dass viele Unternehmensbereiche eigene Visionen und Organisationsmodelle für das Innovationsmanagement entwickeln und kultivieren, dann entstehen multidextrische Welten innerhalb der ambidextrischen Organisation. Jede für sich mag Sinn machen, aber das Gesamtbild wird ineffizient. Es ist unschwer zu erkennen, dass diese multiplen Visionen und Organisationsformen zum einen den Einzelnen überfordern und zum anderen die gemeinsame Ausrichtung des Unternehmens verhindern.

16.1 Innovationsprojekte erfolgreich umsetzen

In Kapitel 14 haben wir aufgezeigt, welche Aufgaben dem Top-Management in der neuen Organisationsrealität zufallen. Vor dem Hintergrund des Beschriebenen wird nochmals deutlich, dass die Entwicklung einer Vision und Kultur die zentrale Aufgabe für das Top-Management ist. Dies muss auch der zentrale Gestaltungsanspruch des Managements sein: Nicht Externe oder Dienstleister definieren nach ihren Bedürfnissen und ihren eigenen Partikularinteressen die unternehmerische Vision aus ihrer Einzelbeauftragung, sondern alle Aktivitäten und Projekte müssen sich der zentralen Vision unterwerfen. Dies bedeutet, dass die Unternehmensvision viel stärker als bisher formuliert, kommuniziert und in der Organisation verankert werden muss. Projektzulieferer und Externe müssen sie kennen, erleben und sich nach ihr richten – nicht umgekehrt.

Wenn diese Unternehmensvision sehr stark gelebt wird und dadurch in der Organisation verankert ist, dann nimmt der Gestaltungsspielraum für die operative Ausgestaltung von Innovationsprojekten zu. Metaphorisch gesprochen ist es entscheidend, dass sich alle in dieselbe Richtung bewegen, und nicht, welche Transportmittel genutzt werden. Die inkrementelle Weiterentwicklung des Bestehenden ist in der Regel keine organisatorische Herausforderung. Hierfür werden meist Projekte durchgeführt, die dann häufig auch langjährig geübte Unternehmenspraxis sind. Dabei sind die angewandten Projektmethoden – ob Wasserfallmodell, agiles Vorgehen oder sonstige Formen – unwesentlich für den Erfolg der inkrementellen Weiterentwicklung.

Die eigentliche Herausforderung für Unternehmen besteht aber darin, den Innovationsanforderungen in der jeweiligen Wertschöpfungsstufe zu begegnen und für diesen Zweck erfolgreiche Innovationsprojekte organisatorisch umzusetzen. Hierbei wird es nicht ausreichen, für ein Großunternehmen zwei oder drei Vorgehensmodelle zu definieren, die allen Anforderungen gerecht werden. Die Lösung muss sein, dass das Gesamtunternehmen drei bis vier offene Organisationsmodelle – wie beispielsweise DigiLabs, Branchennetzwerke, Beteiligungen an Start-ups, technologische Kooperationen, Inhouse-Inkubatoren, Innovationseinheiten – definiert und sie quasi den Organisationseinheiten als Lösungsansätze zur Verfügung stellt. So kann der Produktbereich zum Beispiel Innovationen selbst entwickeln oder an Zulieferer auslagern. Er ist gleichzeitig sicherlich gut beraten, dabei nicht allen Betätigungsoptionen gleichzeitig nachzugehen. Dieser Lösungsansatz mag dann zwar aus externer Sicht als eher anarchische Organisation erscheinen, ist aber nicht bottom-up gewachsen, sondern top-down strukturiert.

16.2 Die verbleibende Existenzberechtigung eines Unternehmens

In der alten Welt investiert das Unternehmen in Vermögenswerte wie Maschinen, Anlagen, Technologie und Produktionsprozesse. Die Personen im Unternehmen haben die Aufgabe, diese zu bedienen, wobei ihre persönliche Weiterentwicklung primär von der technologischen Weiterentwicklung dieser Assets getrieben wird. Geht man von einer personenbezogenen zu einer robotergesteuerten Fertigung über, müssen die Fähigkeiten und Kenntnisse der Menschen dementsprechend angepasst werden.

In der neuen Unternehmenswelt drehen sich die Verhältnisse um. Hier werden die Menschen zum Engpassfaktor und damit zum Mittelpunkt der Investments. Es ist unschwer erkennbar, und wir haben so durchgängig argumentiert, dass in den

Innovationsprozessen nur ambidextrisch befähigte Mitarbeiter eingesetzt werden können. Ein beliebiger Austausch, wie er vielleicht in der Vergangenheit bei Produktionsprozessen noch möglich war, ist in der neuen Unternehmensrealität nicht mehr vorstellbar. Somit müssen die Mitarbeiter, ihre individuelle Motivation und ihre Zusammenarbeit mit Kollegen in den Fokus der Aufmerksamkeit des Managements treten.

Während in der Vergangenheit eine Anforderung an die Existenzberechtigung eines Unternehmens darin bestand, mehr als die Summe der Assets zu sein, wird in der Zukunft die Anforderung an die Unternehmen sein, mehr als die Summe der einzelnen Mitarbeiter darzustellen. Unternehmen gerieten in der Vergangenheit unter Rechtfertigungsdruck, wenn die Summe der Werte der einzelnen Teile oder Assets größer war als der Gesamtwert des Unternehmens. In Zukunft entsteht der Druck nicht top-down und von außen, sondern schleichend durch den Abgang motivierter Leistungsträger.

In der Zukunft wird die Existenzberechtigung von Unternehmen daran gemessen, ob sie dem einzelnen Mitarbeiter einen Mehrwert im Vergleich zu dessen Rolle in der Gig-Economy bieten können. Die Gig-Economy eröffnet für das Unternehmen die Möglichkeit, dass man bedarfsorientiert und aufgabenbezogen Fähigkeiten und Kapazitäten in Top-Qualität am Markt einkauft, statt diese Qualität innerhalb des Unternehmens vorzuhalten, und dass man sich auf die Rolle des Orchestrators der externen Fähigkeiten beschränkt.

Was bedeuten diese Überlegungen konkret? Top-Mitarbeiter haben heute die Freiheit, ihre Arbeitsplätze und Tätigkeiten frei zu wählen. Sie entscheiden sich für die Gig-Economy, wenn sie dort ihre persönlichen Freiheiten und beruflichen Vorstellungen leichter und umfassender realisieren können. Dies heißt im Umkehrschluss, dass Unternehmen, die in der Vergangenheit stark mit Arbeitsplatzsicherheit und anderen Hygienefaktoren geworben haben, komplett an den Bedürfnissen dieser Menschen vorbeigehen. Im Gegenteil, sie sind häufig sogar abschreckend, denn welcher Top-Performer möchte bei einem Arbeitgeber tätig sein, für den Stabilität, Tarifverträge und geregelte Arbeitszeiten im Zentrum des Job-Angebots stehen?

Die Existenzberechtigung der Unternehmen besteht in der Zukunft also darin, den Menschen eine Perspektive und einen Arbeitsmittelpunkt – in deren Motivationswelt – zu bieten, die alternativ in der Gig-Economy wesentliche Entfaltungsmöglichkeiten sehen. Wie in den vergangenen Kapiteln beschrieben, werden diese Mitarbeiter gerade die Chancen der ambidextrischen Organisation schätzen. Sie wollen die Möglichkeit haben, einmal in DigiLabs zu arbeiten oder an branchenweiten Initiativen mitzuwirken, und im nächsten Karriereabschnitt ihre besonderen Fähigkeiten bei der inkrementellen Weiterentwicklung des bestehenden Geschäfts zu beweisen. Hierin liegt eine hervorragende Chance für Großunternehmen im Gegensatz zu den Möglichkeiten für den Einzelnen in der Gig-Economy. Dort kann ein Mitarbeiter meist nur das Gleiche in verschiedenen Unternehmen realisieren, Vielfalt und persönliche Weiterentwicklung in der beruflichen Betätigung bleiben auf der Strecke.

Der Nutzen aus diesem bedeutenden Wettbewerbsvorteil fällt den Unternehmen aber nicht automatisch zu. Sie müssen diese Chance erarbeiten, für den Einzelnen verdeutlichen und aufzeigen. Damit verdienen die Unternehmen ihren Mehrwert und schließlich auch ihre Existenzberechtigung in der neuen Welt.

16.3 Der Mensch in der Organisation

In der vertikalen Organisation positioniert sich die HR-Abteilung in der Regel mit dem Anspruch, umfassende Lösungen für alle Mitarbeiter in allen Organisationsteilen zu allen auf das Personal bezogenen Themen zu bieten. Typischerweise ist der HR-Bereich als Querschnittsfunktion mit Vorstandsrelevanz bei einem Chief Operating Officer (COO) oder Shared-Services-Vorstand, vielleicht neben allgemeiner Verwaltung, Infrastruktur o. Ä., angesiedelt. Die Ambitionen der HR-Bereiche sind meist wertbeitragsorientiert, es fehlt bei ihren Aktivitäten nicht an Bemühungen, den Wertbeitrag der HR-Abteilung für das Unternehmen zu verdeutlichen, während ihre Kunden, also primär die Linie, sie eher als serviceorientiert wahrnehmen.

In Zukunft wird es das Human-Resources-Management sicherlich noch geben, und auch in der neuen Organisationsrealität wird es den Anspruch haben, umfassend für die Menschen in der Organisation da zu sein und einen Wertbeitrag für die Organisation zu liefern. Neu ist die Notwendigkeit der Verschiebung des Fokus vom Wertbeitrag für die Organisation zum *Wertbeitrag für den Einzelnen*. Es geht für den HR-Bereich also darum, dass für ihn die Ziele, Wünsche und Bedürfnisse des Einzelnen transparent sind und dass er diese und nicht die der Gesamtorganisation in den Mittelpunkt stellt.

16.4 Das Instrument des Talent-Pools als Beispiel für die Verschiebung

In der Vergangenheit wurden die Abteilungsleiter eines Unternehmens von der HR-Abteilung, auf Anweisung des Vorstands, dazu aufgefordert, zwei Talente mit dem Anspruch auf Aufnahme in den zentral geführten Talent-Pool zu melden, sie zu Top-Führungskräften zu entwickeln und an das Unternehmen zu binden. Das Management des Talent-Pools war aber in der Realität eine meist bürokratische Angelegenheit, die jeder Abteilung beispielsweise genau zwei Talente zugestand, wobei kein Bereich darauf verzichten konnte, auch genau zwei Personen zu nominieren, da dies ja sonst ein Eingeständnis einer *talentfreien* Abteilung gewesen wäre. Diese Facette belegt bereits das Bürokratische des herkömmlichen Talent-Pools: willkürliche Regelungen, die der bequemen Verwaltung dienen statt dem eigentlichen Zweck. Die derart entsandten Mitarbeiter durchliefen dann auch denselben Entwicklungsprozess – unabhängig von persönlichen Interessen und Bedürfnissen. Die Nichtaufnahme war dabei gleichbedeutend mit einem klaren negativen Signal für die individuelle Zukunft. Karriereorientierte Menschen mussten praktisch das Unternehmen wechseln, um ihre persönlichen Ziele erreichen zu können. In der neuen Organisationsrealität wird es keinen derartigen Talent-Pool als Managementaufgabe für die HR-Abteilung mehr geben können, denn jeder Mitarbeiter wird zum Talent mit Förderungsanspruch. Die Entwicklung geht vom elitären Talent-Pool hin zum demokratischen Mitarbeiter-Pool als Managementaufgabe für HR.

In diesem Kontext wird auch klar, dass der tradierte Begriff Human Resources überholt ist, weil er aus der Zeit stammt, als Mitarbeiter als menschliche Input-Variable eines Produktionsprozesses gesehen werden konnten. Streicht man bei Human Resources den Begriff *Resources*, bleibt *Human* übrig, also Mensch. Aus Personalentwicklung wird Menschenentwicklung, aus Personalbetreuung Menschenbetreuung.

Wenn dem Faktor »Mensch« die zentrale Bedeutung in der Organisation zuwächst, dann wird er zur zentralen Aufgabe jeder Führungskraft und damit auch eine zentrale Aufgabe des Vorstands und des CEOs. Warum soll diese Aufgabe in der Wertigkeit weniger bedeutsam sein als klassische CEO-Themen wie Recht, Compliance, Öffentlichkeitsarbeit? Für CEOs liegt in dem Wandel eine große Chance, ein starkes Signal in die Organisation zu senden.

16.4 Das Instrument des Talent-Pools als Beispiel für die Verschiebung

In der alten Welt wurden neue Ideen vielfach nach einem stark standardisierten Prozess umgesetzt. Ideen kamen von überall, die Unternehmensentwicklung hat die wirklich wichtigen Themen an sich gezogen, diese anhand von Best Practices, Marktanalysen, SWOT-Analysen, McKinsey-Studien etc. entscheidungsreif aufbereitet und dann Business-Pläne erstellt. Ergebnis nach Grundsatzentscheidungen waren Arbeitspläne, Maßnahmenpläne und die Delegation an einen Projektleiter als Umsetzungsverantwortlichen, der aber auch noch andere Projekte oder Linienaufgaben hatte. Unterstützt wurde dieser Projektleiter von Controllern und Project Management Offices (PMO), die darauf geachtet haben, dass die Aktivitäten nicht aus dem Rahmen des langfristigen Business-Plans gefallen sind. Nach unserer Beobachtung haben die Mitarbeiter in diesen Unternehmensentwicklungs-Einheiten dabei vielfach das Selbstverständnis, die besseren Bereichsleiter zu sein, auch wenn sie gar keine Linienaufgaben haben und nur einen geringen Erfahrungshorizont aufweisen. Sie sind meist auf der Suche nach einem Absprung in das operative Geschäft und sehen in vielen Themen auch eine Chance, sich selbst zu profilieren und eine Führungsposition in einer neu entstehenden Unternehmenseinheit zu übernehmen.

In der Zukunft stehen am Anfang nicht Business-Pläne und Analysen im Mittelpunkt, sondern die Vision steht im Zentrum der Überlegungen für die Erschließung eines neuen Geschäftsfelds. Business-Pläne, die Kalkulation von Umsätzen und Erträgen sowie Wertgenerierung sind künftig allenfalls nachgelagert.

Die Vision für das Neue kann nur den Anspruch haben, eine wahrnehmbare, wenn nicht gar die führende Position in dem neuen Markt oder mit dem neuen Produkt einzunehmen. Die Frage, was *führende Position* dabei konkret bedeutet und wie eine Abgrenzung zu Wettbewerbern aussehen kann, ist dabei elementarer Bestandteil dieser Vision. Die organisatorische Zuordnung für diese Aufgabe liegt dann jedoch nicht mehr beim Business Development, sondern sie fällt in den Bereich mit der größten Ambition, die Vision Wirklichkeit werden zu lassen. Die Teilnehmer werden nicht vorrangig nach dem zuständigen Ressort, sondern nach Fähigkeiten und persönlicher Ambition ausgewählt. Es handelt sich dabei primär um eine Selbstzuordnung im Gegensatz zu einer überholten Delegation. Vielfach war es üblich, dass schematisch aus jedem bestehenden Unternehmensbereich, zum Beispiel Vertrieb, Produktion, Controlling, einzelne Mitarbeiter entsandt wurden, um an einem neuen Geschäftsmodell zu arbeiten. Dies wird es zukünftig so nicht mehr geben.

16 Die ambidextrische Organisation als Lösung für Unternehmen

SWOT-Analysen und langfristige Business-Pläne werden ersetzt durch den Effectuation-Ansatz von Start-ups: Das bedeutet 100-prozentigen Fokus auf ein kurzfristig marktfähiges Produkt mit allen für den Markterfolg notwendigen Begleitprozessen. Ein Hauptaugenmerk liegt auch auf Kundennutzen und Finanzierung der nächsten Ausbaustufe, nicht eines ganzen Business-Plans. Der Controlling-Review orientiert sich dabei am Markt-Impact und Kunden-Feedback und nicht an der Einhaltung der vorab definierten Budgetziele. Nicht die nach innen gerichtete Perspektive wird damit zum zentralen Gradmesser für den Erfolg, sondern der Markt.

HR muss in der Lage sein, die entsprechenden Mitarbeiter der Gesamtorganisation (nicht des einzelnen Ressorts) beizusteuern, die die entsprechende Motivation und die benötigten Fähigkeiten haben.

Der CEO muss die Freiräume schaffen und seine Perspektive verändern von »*Was erwarte ich von euch?*« zu »*Wie kann ich euch unterstützen?*«.

Mitarbeiter werden für sich klären: Macht es Sinn, dort mitzuarbeiten, und kann ich etwas beitragen? Weniger wichtig wird die Frage: Wie ist das mit meinen sonstigen Aufgaben in der vertikalen Organisation vereinbar? Das bedeutet aber auch, dass Incentivierung und Umgang mit potenziellem Scheitern des Projekts vorab geklärt sein müssen, da der einzelne Mitarbeiter keine persönlichen Risiken eingehen möchte.

Für die Führungskraft bedeutet das, dass der Bereich des konkreten methodischen Vorgehens, also die Aufbauorganisation, die Projektorganisation, Scrums, agile Setups etc., in den Hintergrund tritt. Die Methoden sind operativ bedeutsam, aber strategisch irrelevant.

Damit sind wir bei dem Kern der ambidextrischen Organisation: Entscheidend sind der Einzelne und das Team, die ihr Wissen und ihre Motivation in die unternehmerische Weiterentwicklung einbringen, unabhängig vom formalen oder organisatorischen Rahmen. Unternehmen müssen daher ein Interesse haben, diese Bandbreite zuzulassen. Der Manager wird zum Dirigenten der organisatorischen Vielfalt.

16.4 Das Instrument des Talent-Pools als Beispiel für die Verschiebung

Zusammengefasst: !

Jedes Unternehmen stand schon immer vor der Herausforderung und Chance, neue Geschäftsfelder zu entwickeln und aufzubauen. Nur haben sich heute die Möglichkeiten und auch die Anforderungen dafür deutlich erhöht. Nach unserer Einschätzung ist die ambidextrische Organisation diejenige, die im besonderen Maße diesen Anforderungen gerecht wird. Sie bricht den Trend der ungesteuerten Vielfalt. Die Kernelemente sind die Betonung der Vision, die neu definierte Existenzberechtigung des Unternehmens und die Rolle des Mitarbeiters in dieser Organisation. Die Vision wird zur übergeordneten Klammer aller in der Organisation Tätigen und wird top-down vorgegeben. Das Unternehmen muss die Frage beantworten, welchen Mehrwert es den Mitarbeitern bietet. Bei aller Komplexität der Organisationsstruktur rückt der Einzelne immer mehr in den Mittelpunkt der unternehmerischen Aktivitäten und Investitionen.

Nachwort

Wir alle, d.h. Sie als Mitarbeiter, Führungskraft oder Manager und wir als Autoren, Berater, Coaches und ehemalige Manager, leben in derselben Welt und stehen vor ähnlichen Herausforderungen. Wir beobachten, wie die Notwendigkeit zur Implementierung von Innovationen und die parallel verlaufende Veränderung der Gesellschaft die Unternehmen vor neue Herausforderungen stellen. Und es sind nicht nur die Unternehmen, die vor großen Aufgaben stehen. Genauso sind Sie persönlich als Betroffener und Akteur gleichermaßen herausgefordert, Ihren beruflichen Weg zu finden.

Dieses Buch erhebt nicht den Anspruch, alle Fragen zu beantworten oder allgemeingültige Antworten zu geben. Es war unser Ansinnen, Ihnen auf Ihrer individuellen Reise in die Zukunft Gedankenanregungen zu vermitteln und Ihnen Handlungsoptionen aufzuzeigen.

Dieses Buch über die ambidextrische Organisation geht im Kern um das Individuum und betont gerade die Bedeutung des Einzelnen in der Organisation. Unser Anspruch beim Schreiben dieses Buches war dabei immer, Ihnen aufzuzeigen, wie Sie sich in turbulenten Zeiten und in einem Umfeld, in dem sich die organisatorischen Rahmenbedingungen permanent ändern, positionieren können. Wenn wir dann noch einen Beitrag zu Ihrer beruflichen Weiterentwicklung und Ihrem beruflichen Erfolg liefern konnten, dann hätte sich jede Minute, die wir in die Entwicklung des Buches investiert haben, gelohnt.

Literatur

Amado, Gilles; Ambrose, Anthony (2004), The transitional approach to change, 2. Auflage, London

Buckingham, Marcus; Coffman, Curt (2002), Erfolgreiche Führung gegen alle Regeln, 2. Auflage, Frankfurt

Collins, Jim (2001), Good to great, New York

Drath, Karsten (2019), The rules of success, Abingdon (UK)

Empson, Laura (2008), Are you an ‹insecure overachiever›?, BBC Worklife, https://www.bbc.com/worklife/article/20180924-are-you-an-insecure-overachiever, letzter Zugriff 25.2.2020

Herzberg, Frederick (1959), Die Zwei-Faktoren-Theorie, https://de.wikipedia.org/wiki/Zwei-Faktoren-Theorie_(Herzberg), letzter Zugriff 25.2.2020

Kets de Vries, Manfred (2006), The leadership mystique, 2. Auflage, Harlow (UK)

Kets de Vires, Manfred (2008), The leader on the couch, a clinical approach to changing people and organizations, 4. Auflage, San Francisco

Kets de Vries, Manfred (2011), The hedgehog effect, the secret of building high performance teams, San Francisco

Kets de Vries, Manfred; Korotov, Konstantin; Florent-Treacy, Elisabeth (2007), Coach and couch, the psychology of making better leaders, New York

Kohn, Alfie (1999), Punished by rewards, Boston

Lawrence, Paul; Nohira, Nitin (2003), Driven: Was Menschen und Organisationen antreibt, Stuttgart

Sarasvathy, Saras D. (2001), Causation and effectuation, https://de.wikipedia.org/wiki/Effectuation, letzter Zugriff 25.2.2020

Schein, Edgar H. (2004), Organizational culture and leadership, San Francisco

Techopedia (2019), Minimum Viable Product, https://www.techopedia.com/definition/27809/minimum-viable-product-mvp, letzter Zugriff 25.2.2020

Whitmore, Sir John (2017), Coaching for performance, 5. Auflage, Croydon (UK)

Wikipedia (2020), Organisationale Ambidextrie, https://de.wikipedia.org/wiki/Organisationale_Ambidextrie, letzter Zugriff 25.2.2020

Zaleznik, Abraham (1992), Managers and leaders: are they different?, Harvard Business Review, March-April 1992

Stichwortverzeichnis

A
Abwärtsspirale für Mitarbeiter und Organisation 129
Agilität 52, 70
— agile Organisationsformen 52
— agile Organisationsmodelle 70
Airbnb 90
Allianz 38
Amazon 58
Ambidextrie 9, 13, 15, 33, 44, 53, 58, 59, 60, 120, 137, 138
— ambidextrische Führung 15
— ambidextrische Führungskräfte 59
— ambidextrische Organisation 44, 60, 81, 137
— ambidextrische Struktur 120
Apple 56
Aufbauorganisation und Wildwuchs 120
Automobilindustrie 9, 112, 115

B
Bayer-Konzern 99
bilanzielle Größen und Steuerung 75
Biografien, gebrochene 123
Bonus, Motivation durch 34

C
Carsharing 114
Change-Philosophie für Mitarbeiter 123

D
Design Thinking, 66
Dextrie 55

DigiLabs 13, 32, 45, 74, 78, 92, 103, 104, 120, 124, 139
Digitalisierung 11, 22, 26, 43, 48, 75
— Organisationsstruktur 22
— Scheitern an der Digitalisierung 22
— Wertschöpfungskette 22
Disruption 11, 12, 22, 37, 40
— disruptive Innovationen 11, 12
— disruptive Veränderungen 37
— disruptiver Wandel 12

E
echte Motivatoren 67
Effectuation 114, 147
Enabling 116
Ereignisorientierung, Steuerung 119
Erfolg, wichtigste Aktiva 63
Erfolgsfaktoren 105
Erfolgsparadigmen 111
— ambidextrische Struktur 120
— Bottom-up-Befähigung 115
— Ereignisorientierung 119
— flexible Unternehmensentwicklung (Effectuation) 113
— Fähigkeitsstrategie 114
— Gestaltung der Zukunft 112
— horizontales Netzwerk 116
— Kundenzentrierung 118
— unternehmerischer Mitarbeiter 121
Ergebnisdokumentation, Steuerung 81
Ergebnisse der Steuerung 73
Exploitation 147
Exploration 147

Stichwortverzeichnis

F
Faktor »Mensch« 63
Fast-Follower-Strategie 57, 58
— Fast Follower 58
— Follower-Unternehmen 57
FC Barcelona 99
Feedbackgespräch 64, 65
Fixkosten 43, 79
Freelancer 123
Fristigkeit der Strategie 97
Führungskraft und Dextrie 55
Führungsverantwortung 59

G
General Electric (GE) 96
Geschäftsfeldstrategie 115
Geschäftsmodelle 37, 38, 45, 138
— konventionelle Geschäftsmodelle 37
geschlossene Projektstrukturen 52
Grenzkosten 43

H
Happy Camper 125, 129
heterogene Lebensentwürfe 135
Hierarchien 69
hierarchische Organisationsstruktur 12
HR-Abteilung 63, 66, 158
HR-Diagnostik 68

I
Incentive-Systeme 69, 70
Inklusion 31
inkrementelles Wachstum 44
inkrementelle Weiterentwicklung 9, 21, 27, 59
Innovationen 11, 57, 74
Innovationsdruck 12, 16
Innovationsfähigkeit 148
Innovationszyklus 11, 27

Insecure Overachiever 127, 131
Internet der Dinge 11
Investitionen, Steuerung im Unternehmen 44
IT-Bereich, Ansiedlung im Unternehmen 48

K
Kapitalmarkt 119
Kerngeschäft 33
Key Performance Indicators 105
Kodak 22, 87
Kompetenzen 122
Komplexität 56
konventionelle Geschäftsmodelle 37
Kooperationen 53
Kosten-Nutzen-Betrachtung 77
Kostenziele 73
Krisenmanager 59
Kundenperspektive 98
Kundenzentrierung 118
Künstliche Intelligenz (KI) 11

L
Landwirtschaft 63
Linienorganisation 12, 21, 28, 53, 58, 74, 120, 137
LinkedIn 139

M
Management Circles 127
Marktführer 57
Marktführerschaft 23, 57
Matrixorganisation 12, 34, 54, 74, 76
Midcareer-Crisis 136
Minimum Viable Product 153
— generelle Erfolgsstrategie 127
— Happy Camper 125, 129
— Insecure Overachiever 127, 131

Stichwortverzeichnis

— Poor Dog 126, 130
— Rising Star 126, 131
Mitarbeiterbefragung 68, 72
Mitarbeitermotivation 124
Monodextrie 53, 55, 58
Motivation 31, 34
Motivatoren 67, 72
— echte Motivatoren 67
Multidextrie 53, 58

N
Networking 139
neue Geschäftsmodelle 11, 38
neue Kernkompetenzen 130
neue Organisationsformen 25, 91
neue Organisationsrealität 60, 65, 68, 71, 73, 75, 133
neue Unternehmensrealität 13
Neugeschäftsziele 73
New Ventures 124
Nokia 23
Nutzerverhalten, Autofahrer 38

O
One-Click-Shopping 58
Online-Shop 58
Organisation 85
organisatorische Fähigkeiten 60
organisatorische Umstellungen 21

P
Paradigmenwechsel 113, 120
Patente 74
Personalbetreuung 67
Personalentwicklung 64
Personalentwicklungsprogramm 66

Personalwesen 63
Perspektivwechsel 34
Poor Dog 126, 130
Produktinnovation 27
Produktion 54
produzierende Unternehmen 63
Profitabilität 56
Projektorganisation 33, 40, 74

Q
Qualifikationen 54

R
Rechtshänder 55
Recruiting 106
Reiseveranstalter 119
Reorganisation 87, 93, 128
Ressourcen 54, 73, 76, 78
Rising Star 126, 131
Rivalität zwischen Organisationsformen 93

S
Sanktionierung 103
Score Card 74, 80
Scrum 66
Scrum Master 65
Seilschaften 131
Shared Services 55
Sicherheit 31
Sonderlösungen 49, 51
Spezialisten 45, 58
stabile Organisationsstrukturen 45
Start-up 12, 41, 44, 55
Steuerungssystem 81
Strategie 86, 95, 100
SWOT-Analyse 160

Stichwortverzeichnis

T
Talente 122
Talent-Pool 127, 158
top-down 115, 121
Top-Manager, Rolle 151
Tourismusbranche 90
TUI 90

U
Uber 90
U-Boot-Projekte 13, 40, 48, 78, 120
Umsatzziele 73
Unique Selling Proposition 135
Universalität 102
— Airbnb 90
— Allianz 38
— Amazon 58
— Apple 56
— Bayer 99
— FC Barcelona 99
— General Electric (GE) 96
— Kodak 22, 87
— LinkedIn 139
— Nokia 23
— TUI 90
— Uber 90
— Xing 139
Unternehmens-Claim 99
Unternehmenskultur 101, 107
Unternehmenssteuerung 73, 75
Unternehmensstrategie 95, 100
Unternehmensziele 73

V
Value Statement 104, 107
Venture Capital 32
Veränderungen, Auslöser 16
Veränderungsgeschwindigkeit 97
Verhaltensmuster 50
vertikale Organisation 21, 24, 157
vertikale Organisationsstruktur 104
Vertrieb 54
Vielschichtigkeit 56
Vorgesetzter 65, 104, 128

W
Wachstum 24
Wachstumsrate 24
Wasserfallmodell 155
Web-Applikation 75
Wertschöpfung 38
Wertschöpfungskette 42
Wertschöpfungsorientierung 118
Wertschöpfungsstufen 45
Wertschöpfungsstufen, Veränderung 42
Wettbewerbsintensität 119
Work-Life-Balance 126, 128, 133, 140

X
Xing 139

Z
Zielgröße 75
Zufriedenheit 67, 129